The Super Speed Reading
[언어영역 독서교육 교재]

집중력과 두뇌개발을 위한 영재 독서법
실전속독의 기술을 익힐 수 있는 다양한 훈련

실전용

논술의 기본은 독서다!

집중력과 독서력 향상을 위한
독서영재 두뇌 속독법

남 양

1장 목차

- 3 뇌로 보는 집중력 심상 수련도
- 4 속독을 위한 기본 안구운동 가로 훈련
- 6 속독을 위한 기본 안구운동 가로 훈련 기록표
- 7 실전속독을 위한 기본 안구의 S흐름 이동훈련[1]
- 8 실전속독을 위한 기본 안구의 S흐름 이동훈련[2]
- 9 기본 안구의 S흐름 이동운동 훈련 기록표
- 10 집중력 향상을 위한 숫자인지 훈련하기[1]
- 11 집중력 향상을 위한 숫자인지 훈련하기[2]
- 12 집중력 향상을 위한 숫자인지 훈련하기[3]
- 13 눈 체조[1]
- 14 눈 체조 훈련 기록표
- 15 독서력 향상을 위한 안구흐름 한 글자 인지훈련[1]
- 16 독서력 향상을 위한 안구흐름 한 글자 인지훈련[2]
- 17 한 줄 스피드 속독 트레이닝 [1단계] ①호~③호
- 20 ①호~③호까지 한 줄 훈련 기록표
- 21 한 줄 스피드 속독 트레이닝 [1단계] ④호~⑥호
- 24 ④호~⑥호까지 한 줄 훈련 기록표
- 25 한 줄 스피드 속독 트레이닝 [1단계] ⑦호~⑩호
- 29 훈련기록표 ⑦호~⑩호까지 한 줄 훈련 기록표
- 30 한 줄 연속 ①호~⑩호까지 스피드 속독 트레이닝 기록표
- 31 [풍선]의 중심 낱말 찾기 훈련
- 32 풍선의 중심 낱말 찾기

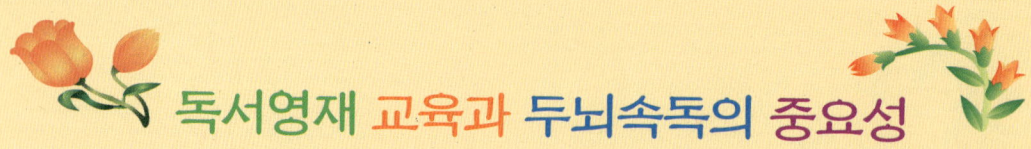

독서영재 교육과 두뇌속독의 중요성

책읽기를 스스로 한다면 얼마나 행복할까요?

건강을 위해 음식을 먹듯이 마음을 살찌우려면 아이들이 책을 많이 읽으면서도 잘 소화하는 능력이 필요하다. 독서를 통해서 짧은 시간에 폭넓은 지식과 정보를 두뇌창고에 쌓아 둘 수 있다.

독서교육은 책 읽는 훈련방법이 매우 중요하다. 독서 영재의 두뇌 속독교육은 다독을 통하여 풍부한 상상력으로 마음과 두뇌를 튼튼히 한다.

독서교육을 통하여 올바른 자세와 집중력 훈련은 미래의 유능한 인재를 교육하는 것이다. 독서 영재교육은 7세에서 12세까지인 유아와 초등학생 시기에 교육하는 것이 중요하다.

체계적인 두뇌속독 프로그램은 영재교육으로 교과 학습을 자연스럽게 터득하는 연계교육이다. 아이들이 책을 읽을 때는 머릿속으로 이미지화하여 마치 한 편의 영화나 드라마를 보는 것처럼 쉽게 연상할 수 있다.

동화 속에 푹 빠져 있는 행복한 아이의 얼굴을 상상해 보라. 학부모나 선생님도 모두 행복할 것이다. 더 나아가 우리나라의 밝은 미래가 상상이 된다.

유년기에 독서를 통하여 상상력과 그림을 감상하듯이 독서를 한다면 글의 내용이 흥미롭게 기억이 잘 된다.

두뇌속독 영재교육은 눈을 통하여 글을 읽고 머릿속으로 영상화하여 상상력으로 그림을 그릴 수 있고 사고력이 확장된다.

아이들에게 책을 읽고 나서 머릿속에 기억하는 훈련이 필요하다.

스스로 그림을 연상하는 방법으로 글을 읽고 마음으로 느끼는 인지훈련을 시켜주는 두뇌속독법 최고의 방법이라 생각한다.

어려서부터 체계적인 속독 훈련을 통하여 그림 및 글자 인지훈련을 하고, 스스로 책을 읽을 수 있도록 지도하여야 한다.

속독법 교육이 자기 주도적 학습이 되는 가장 빠른 지름길이다. 세계화 시대에 인간교육은 인성교육이며 국제경쟁력을 쌓기 위한 절대적인 조건은 두뇌계발과 창의성이다.

독서를 통하여 창의력을 계발하고 어휘력과 논술에도 대비 하여야 한다.

아이들이 독서 영재교육을 바탕으로 세계적인 경쟁력으로 두뇌강국의 진정한 리더가 되기를 희망합니다.

저자

뇌로 보는 집중력 심상 수련도

* 아래에 있는 꽃 그림을 집중하여 약 30초간 주시합니다.
* 꽃을 주시 하다가 수련판 아래 공백으로 이동하여 응시합니다.
* 꽃의 색이 변화 되는 것을 사라질 때까지 응시하여 봅니다.

수 련 판

속독을 위한 기본 안구운동 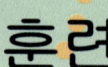 훈련

* 훈련 시 머리는 고정한 상태에서 안구만을 움직여 빠르게 아래로 이동합니다.
* 시점을 중심에 두고 좌·우에 있는 네모기호를 빠르게 3회씩 반복 훈련합니다.

← 시

1 ←--------------------

2 ←--------------------

3 ←--------------------

4 ←--------------------

5 ←--------------------

속독을 위한 기본 안구운동  훈련

* 훈련 시 머리는 고정한 상태에서 안구만을 움직여 빠르게 아래로 이동합니다.
* 시점을 중심에 두고 좌·우에 있는 네모기호를 빠르게 3회씩 반복 훈련합니다.

점 →

기본 안구운동

속독을 위한 기본 안구운동
가로 훈련 기록표

* 실력 향상을 위하여 매회 소요시간을 꼭 기록하세요.

1차	초	11차	초
2차	초	12차	초
3차	초	13차	초
4차	초	14차	초
5차	초	15차	초
6차	초	16차	초
7차	초	17차	초
8차	초	18차	초
9차	초	19차	초
10차	초	20차	초

실전속독을 위한 기본 안구의 S흐름 이동훈련

* 훈련 시 머리는 고정한 상태에서 선을 따라서 빠르게 아래로 이동합니다.
* 시점을 중심에 두고 앞·뒤 두 쪽을 빠르게 1회씩 훈련합니다.

←시·점→

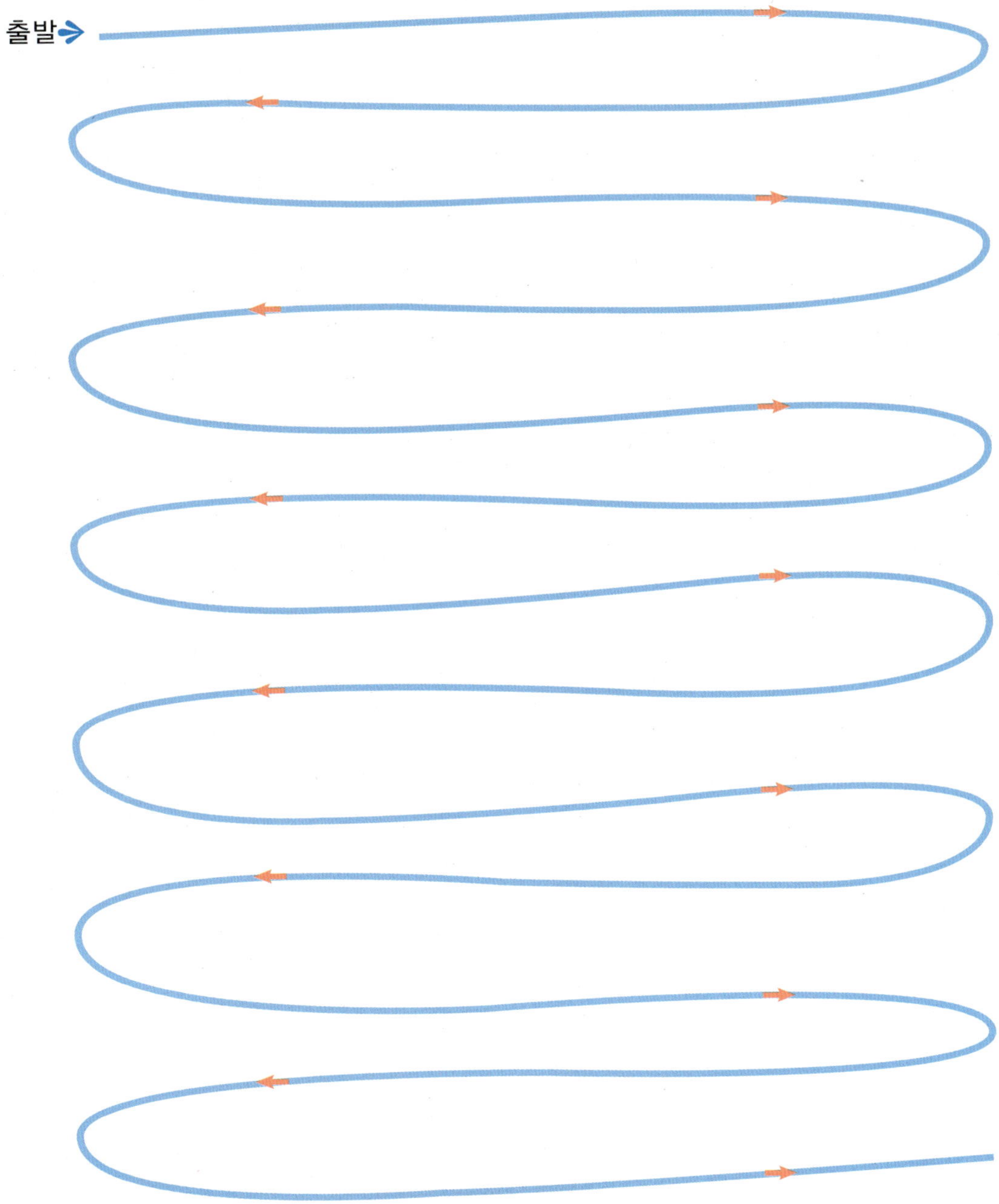

실전속독을 위한 기본 안구의 S흐름 이동훈련

* 훈련 시 머리는 고정한 상태에서 선을 따라서 빠르게 아래로 이동합니다.
* 시점을 중심에 두고 앞·뒤 두 쪽을 빠르게 1회씩 훈련합니다.

←시·점→

연결➡

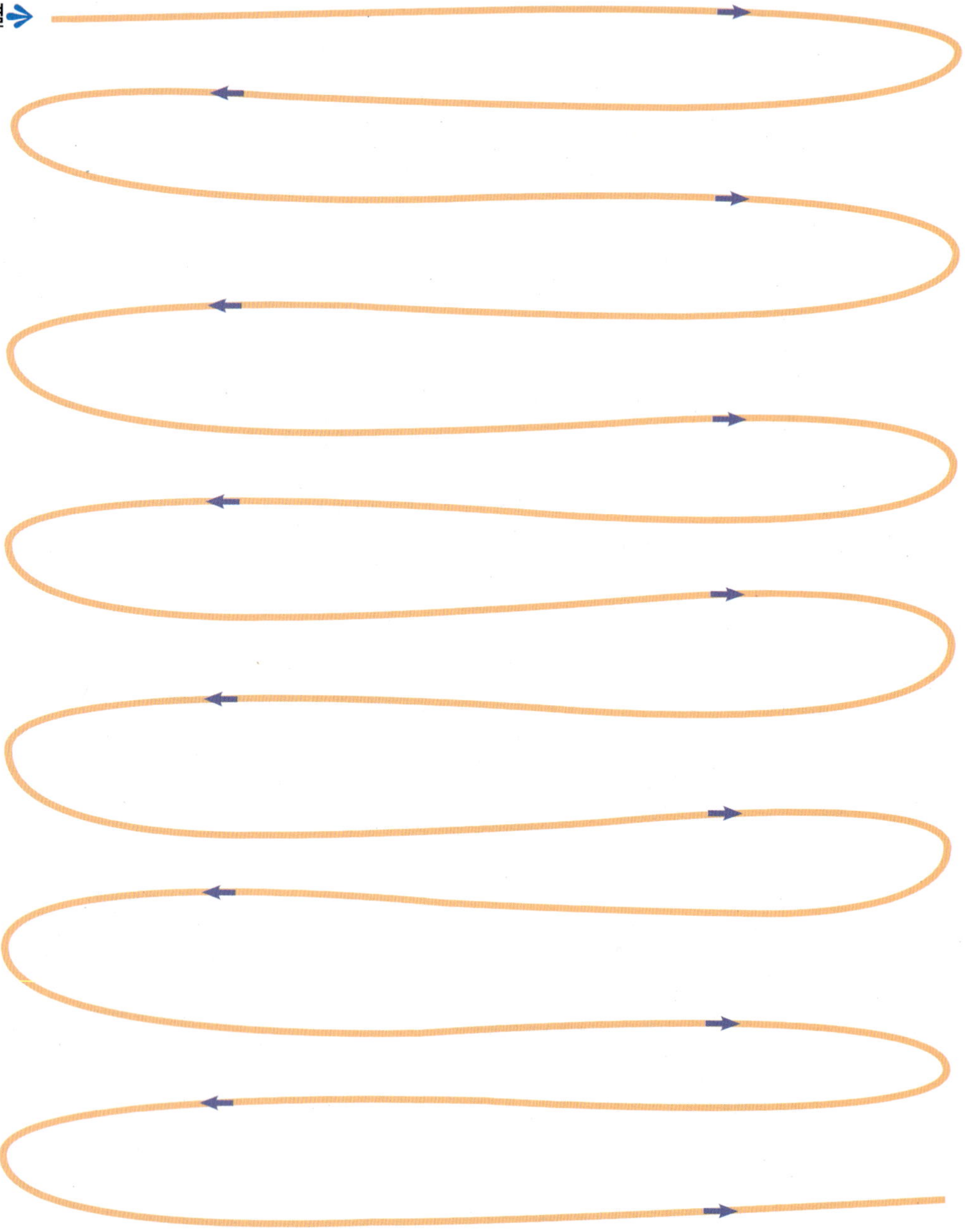

기본 안구의 S흐름 이동운동 훈련 기록표

* 실력 향상을 위하여 매회 소요시간을 꼭 기록하세요.

1차	초	11차	초
2차	초	12차	초
3차	초	13차	초
4차	초	14차	초
5차	초	15차	초
6차	초	16차	초
7차	초	17차	초
8차	초	18차	초
9차	초	19차	초
10차	초	20차	초

집중력 향상을 위한 숫자인지 훈련하기 [1]

* 아래 숫자를 1~10까지 번호 순서대로 빠르게 인지하세요.

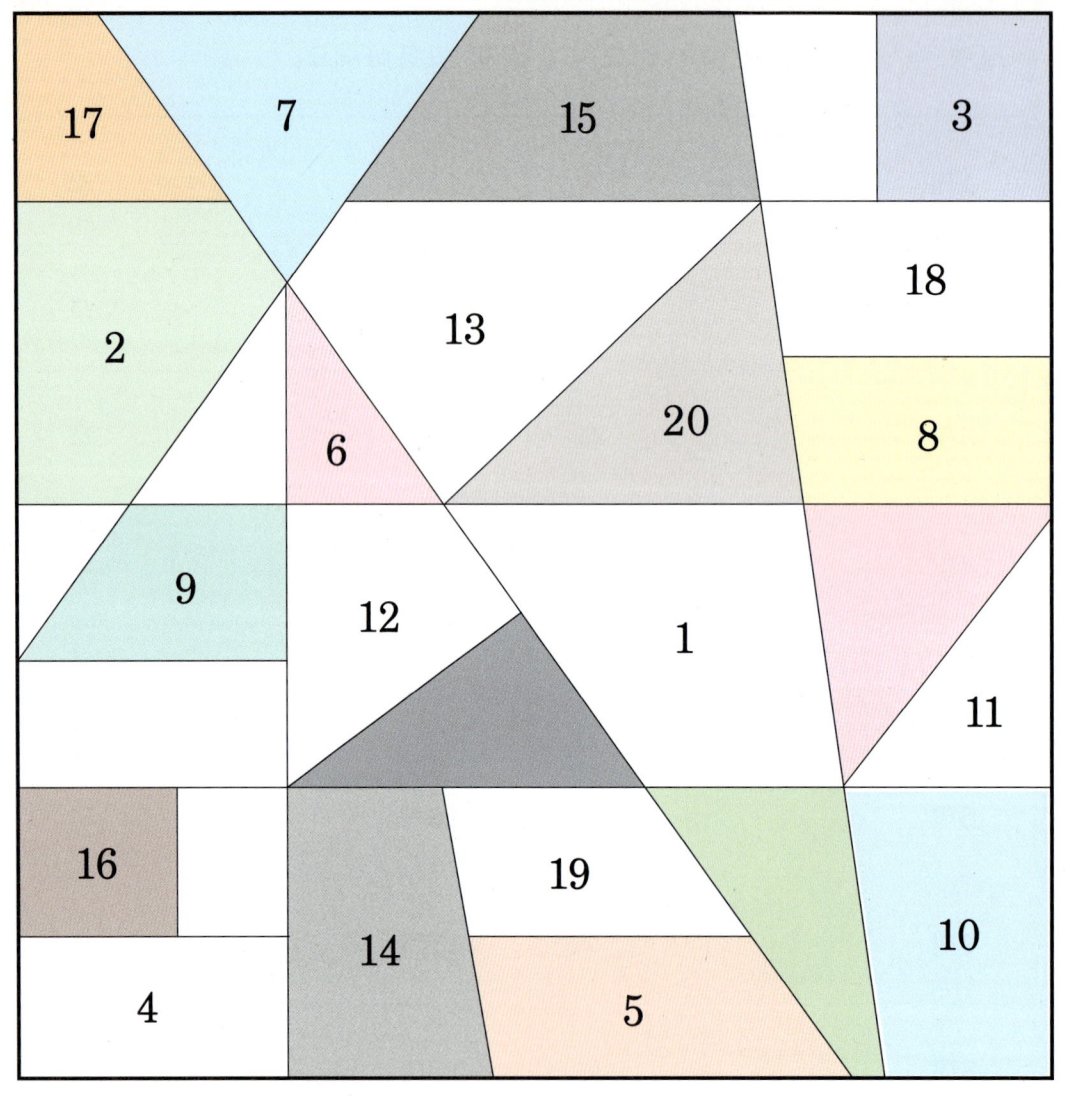

* 초시계로 소요시간을 측정하여 기록하세요.

1차 기록	2차 기록	3차 기록	4차 기록	5차 기록
초	초	초	초	초

집중력 향상을 위한 숫자인지 훈련하기 [2]

* 아래 숫자를 11~20까지 번호 순서대로 빠르게 인지하세요.

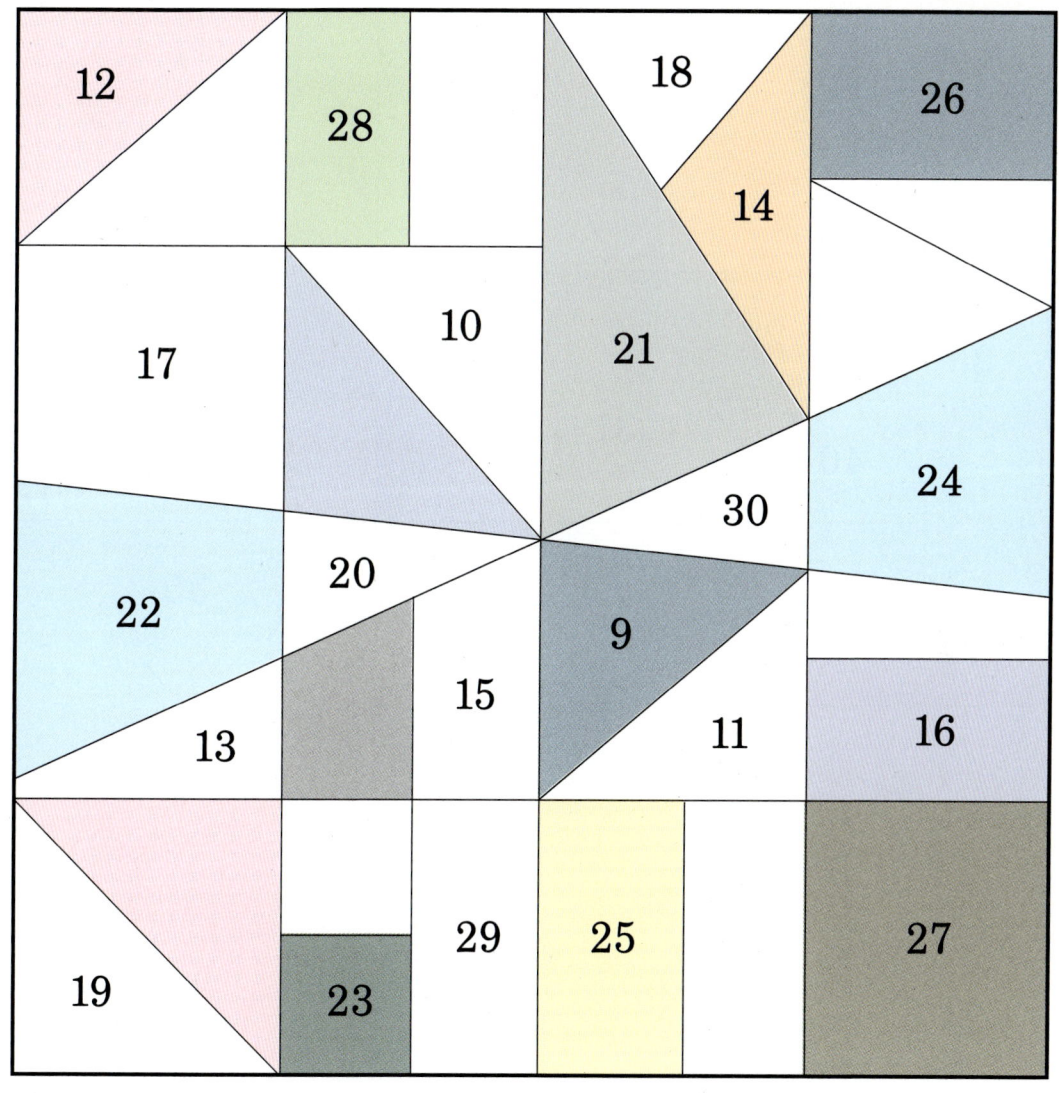

* 초시계로 소요시간을 측정하여 기록하세요.

1차 기록	2차 기록	3차 기록	4차 기록	5차 기록
초	초	초	초	초

집중력 향상을 위한 숫자인지 훈련하기 [3]

* 아래 숫자를 21~30까지 번호 순서대로 빠르게 인지하세요.

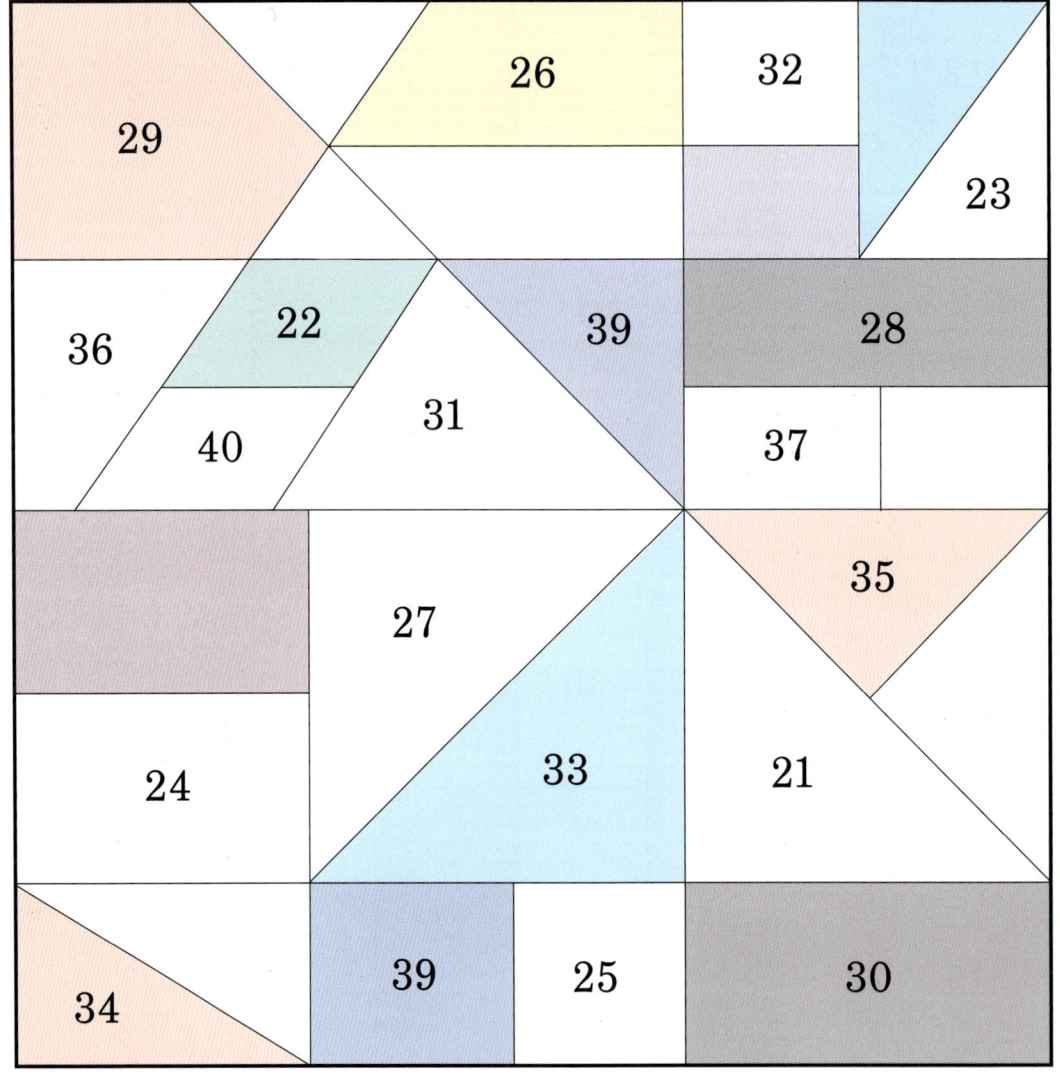

* 초시계로 소요시간을 측정하여 기록하세요.

1차 기록	2차 기록	3차 기록	4차 기록	5차 기록
초	초	초	초	초

눈 체조 [1]

* 시점을 중심에 두고 화살표() 방향으로 좌로 2회, 우로 2회씩 총 5회를 빠르게 반복 실시하세요.

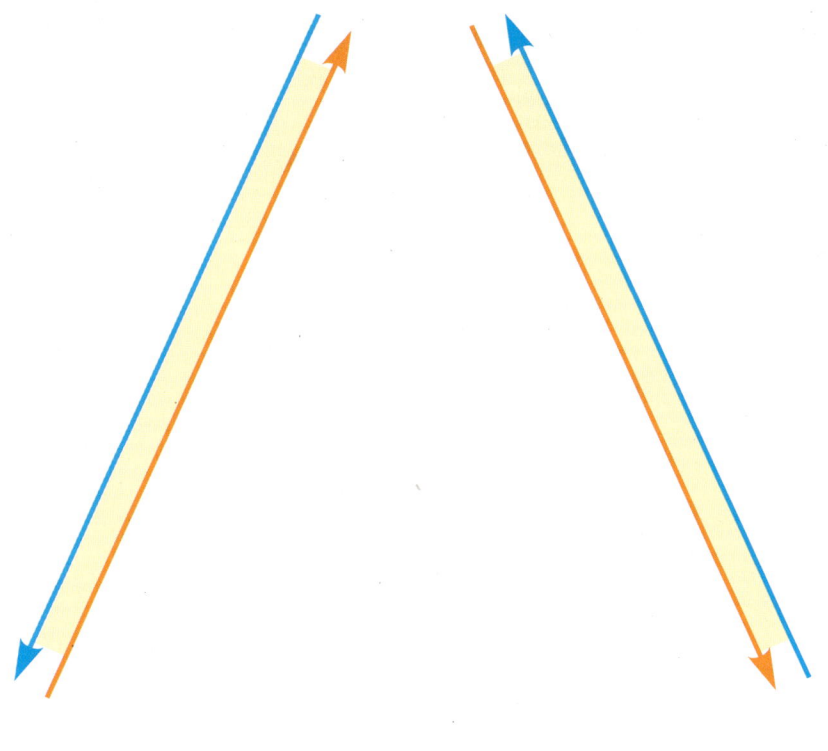

 눈 체조 [1] 훈련 기록표

※ 실력 향상을 위하여 매회 소요시간을 꼭 기록하세요.

1차	초	11차	초
2차	초	12차	초
3차	초	13차	초
4차	초	14차	초
5차	초	15차	초
6차	초	16차	초
7차	초	17차	초
8차	초	18차	초
9차	초	19차	초
10차	초	20차	초

독서력 향상을 위한 안구흐름 한 글자 인지훈련 [1]

* 좌측의 배 한 글자 낱말을 인지하고 나서 그 줄에 같은 글자를 찾으세요.
* 다시 우측의 차 낱말을 인지하고 나서 그 줄에 같은 글자를 찾으면 됩니다.

← 시·점 →

배 → 말 곰 닭 소 귤 산 용 빵 낫 컵 코 배 개 봄 콩 밤

눈 귤 차 배 닭 개 콩 산 용 낫 컵 곰 코 봄 입 소 ← 차

낫 → 용 귤 곰 닭 눈 입 말 콩 컵 차 낫 밤 소 개 봄 빵

배 말 귤 개 눈 곰 소 빵 닭 봄 용 차 코 입 컵 산 ← 곰

산 → 빵 곰 코 차 닭 개 눈 소 귤 낫 밤 컵 산 입 말 봄

콩 귤 곰 개 닭 산 낫 컵 차 배 말 빵 코 봄 눈 입 ← 개

입 → 낫 개 눈 소 산 용 컵 귤 차 콩 곰 닭 코 봄 입 빵

말 콩 빵 귤 곰 닭 낫 컵 소 산 용 개 눈 코 봄 입 ← 닭

봄 → 말 닭 개 눈 소 산 귤 곰 빵 용 낫 봄 밤 입 차 코

눈 귤 소 말 콩 산 봄 입 용 낫 컵 빵 배 개 차 코 ← 소

빵 → 코 봄 곰 개 눈 소 콩 말 귤 빵 밤 산 용 낫 컵 닭

* 초시계로 소요시간을 측정하여 기록하세요.

1차 소요시간	2차 소요시간	3차 소요시간	4차 소요시간	5차 소요시간
초	초	초	초	초

독서력 향상을 위한 안구흐름 한 글자 인지훈련 [2]

* 좌측의 밤 한 글자 낱말을 인지하고 나서 그 줄에 같은 글자를 찾으세요.
* 다시 우측의 콩 낱말을 인지하고 나서 그 줄에 같은 글자를 찾으면 됩니다.

← 시·점 →

밤 → 배 귤 말 곰 컵 차 용 빵 낫 개 봄 콩 밤 코 닭 산

개 차 용 빵 콩 산 낫 코 봄 입 소 말 귤 배 닭 곰 ← 콩

입 → 용 눈 차 밤 귤 곰 낫 말 콩 개 산 입 컵 봄 빵 코

귤 개 눈 배 말 콩 닭 봄 곰 소 빵 컵 산 용 낫 차 ← 눈

낫 → 차 눈 소 귤 빵 곰 봄 콩 용 낫 밤 컵 산 입 말 배

말 빵 콩 귤 곰 컵 코 닭 산 용 봄 개 눈 입 소 낫 ← 곰

말 → 산 용 밤 차 콩 곰 컵 귤 소 닭 코 낫 말 봄 입 빵

소 산 용 개 눈 코 배 차 말 콩 빵 곰 닭 낫 컵 입 ← 개

컵 → 곰 낫 빵 귤 용 봄 말 차 코 닭 입 컵 개 눈 소 산

귤 소 말 컵 빵 닭 콩 봄 용 낫 산 개 차 코 배 곰 ← 소

차 → 코 밤 산 용 낫 컵 봄 곰 개 귤 빵 닭 눈 입 말 차

* 초시계로 소요시간을 측정하여 기록하세요.

1차 소요시간	2차 소요시간	3차 소요시간	4차 소요시간	5차 소요시간
초	초	초	초	초

한 줄 스피드 속독 트레이닝 [1단계] ①호

* 시점을 중심으로부터 훈련 기호를 최대한 많이 본 상태에서 화살표를 따라 안구를 좌·우로 이동하여 글을 읽듯이 최대한 빠르게 아래로 이동합니다.
* 종합훈련 시 ①호~⑩호까지 연속으로 이동하여(1분 단위로 측정) 글자 수를 기록합니다.

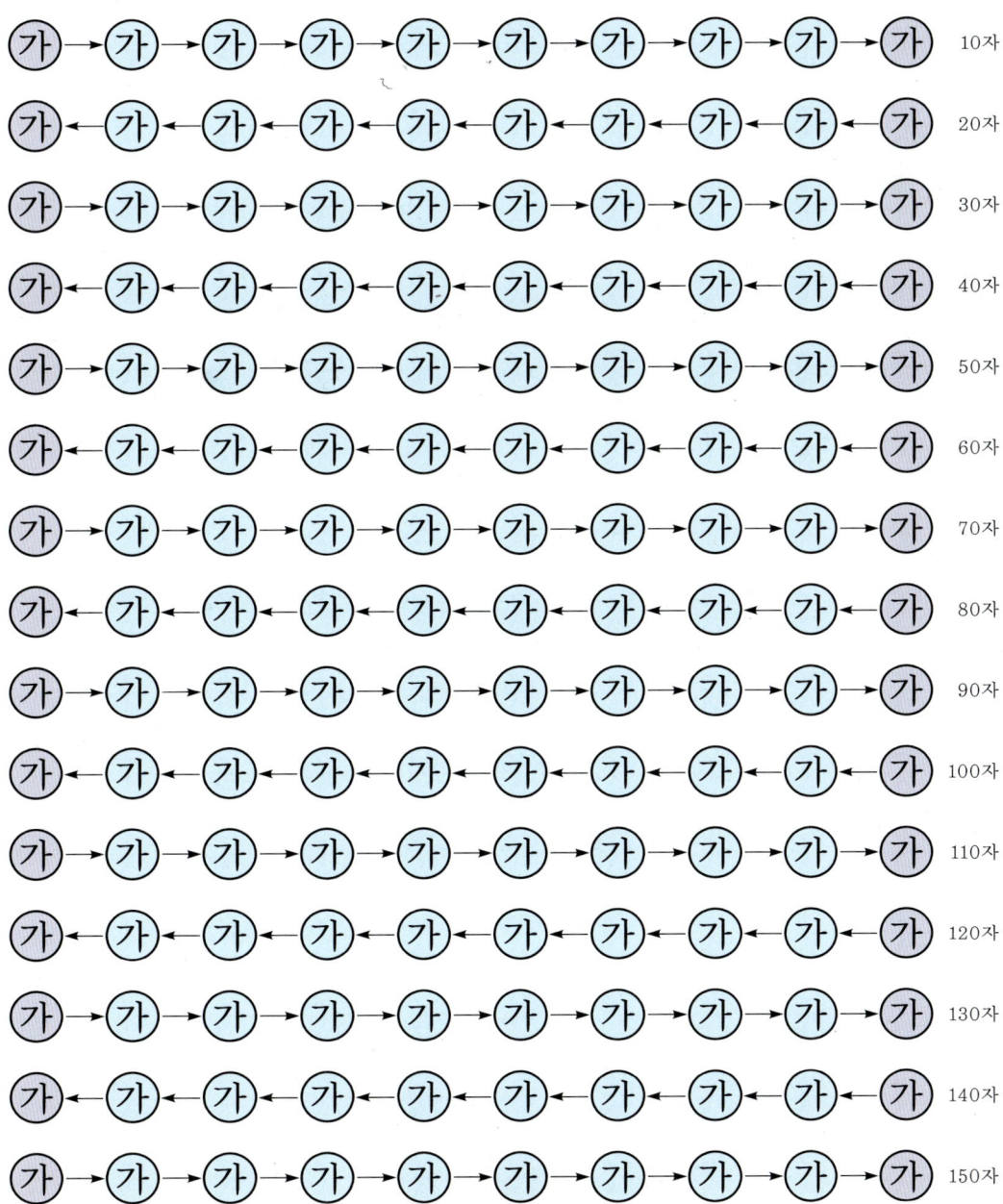

한 줄 스피드 속독 트레이닝 [1단계] ②호

* 시점을 중심으로부터 훈련 기호를 최대한 많이 본 상태에서 화살표를 따라 안구를 좌·우로 이동하여 글을 읽듯이 최대한 빠르게 아래로 이동합니다.
* 종합훈련 시 ①호~⑩호까지 연속으로 이동하여(1분 단위로 측정) 글자 수를 기록합니다.

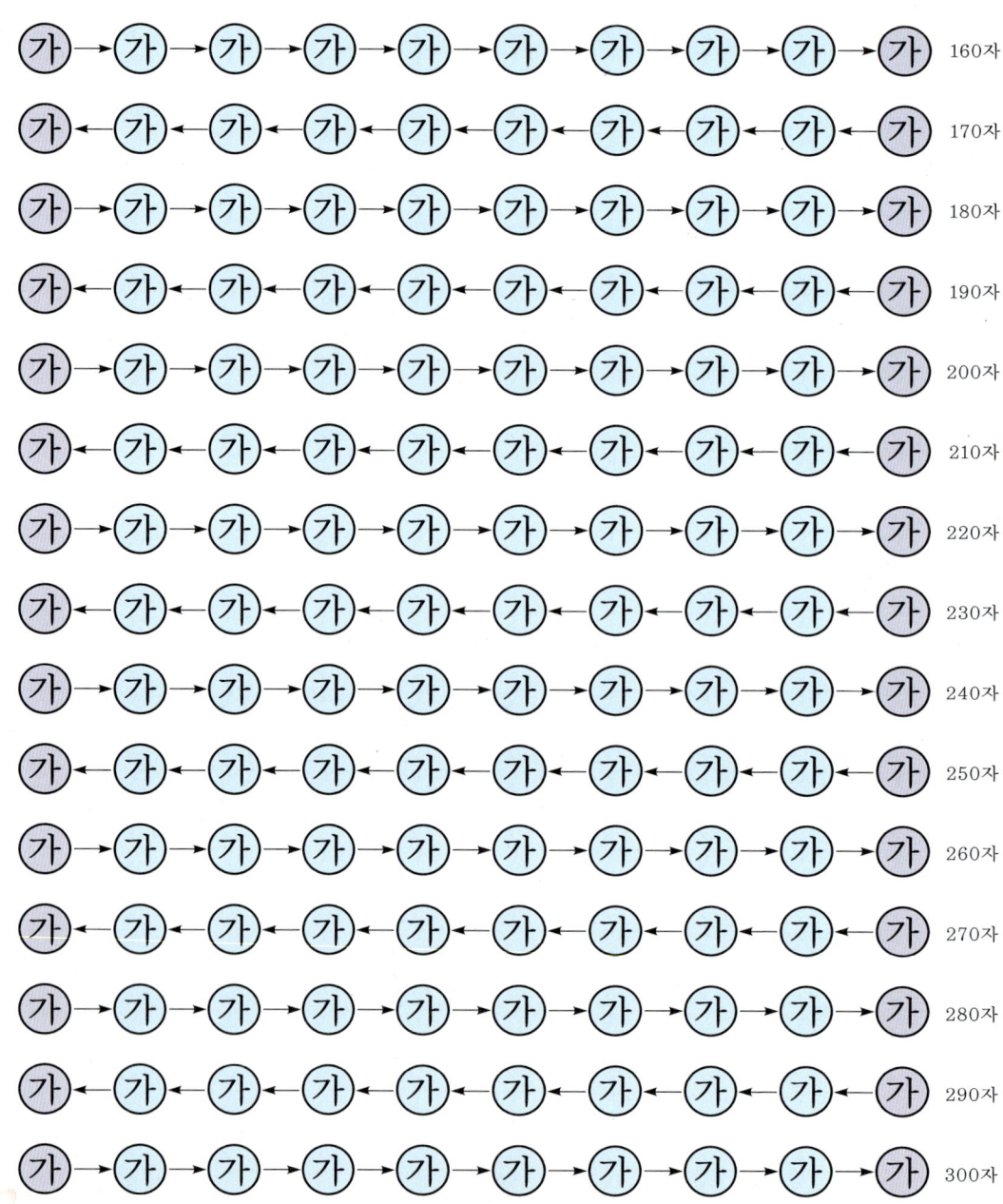

한 줄 스피드 속독 트레이닝 [1단계] ③호

* 시점을 중심으로부터 훈련 기호를 최대한 많이 본 상태에서 화살표를 따라 안구를 좌·우로 이동하여 글을 읽듯이 최대한 빠르게 아래로 이동합니다.
* 종합훈련 시 ①호~⑩호까지 연속으로 이동하여(1분 단위로 측정) 글자 수를 기록합니다.

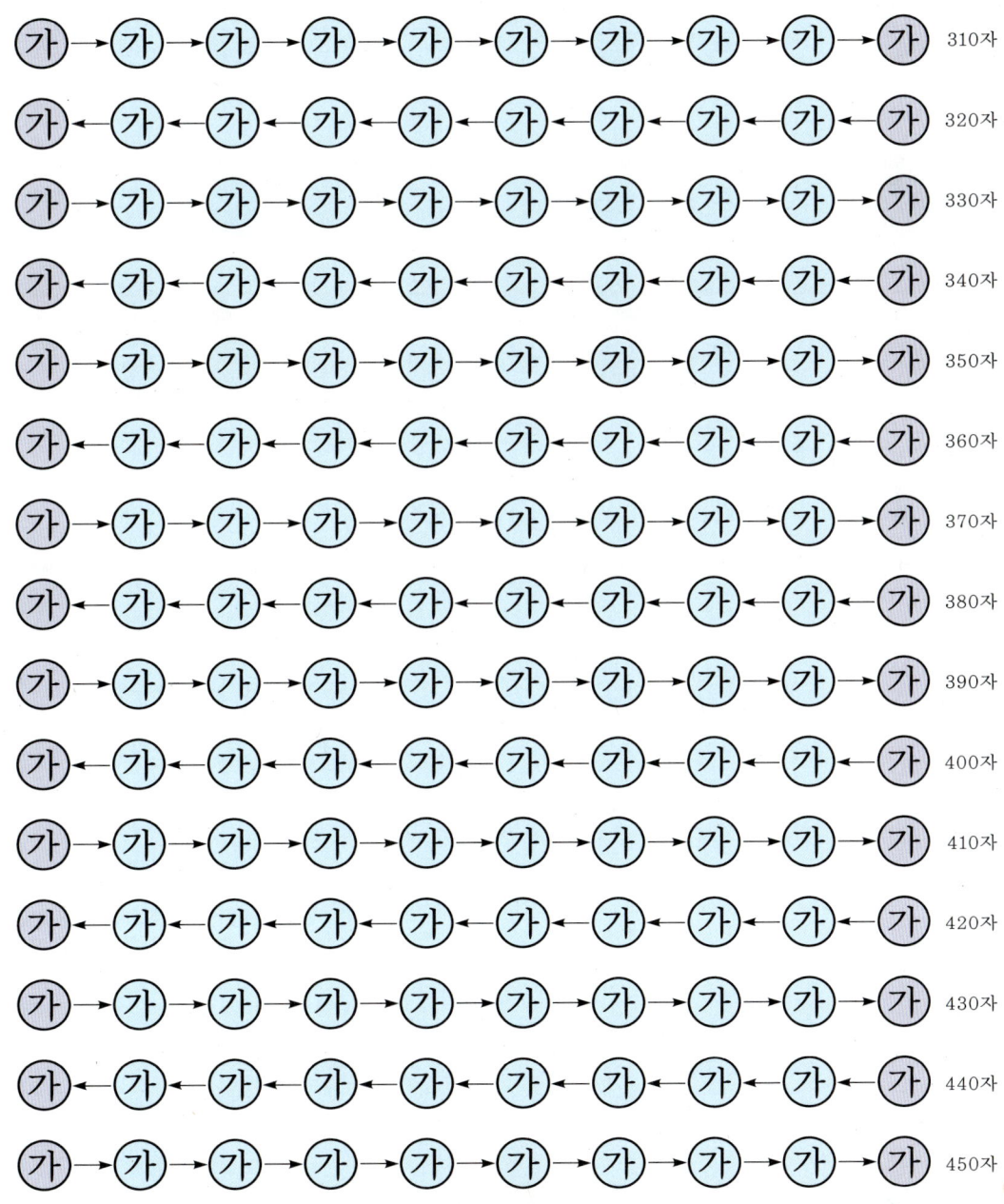

①호 ~ ③호까지 한 줄 훈련 기록표

＊ 실력 향상을 위하여 매회 소요시간을 꼭 기록하세요.

＊ 훈련을 다 마치고 나면 지도 선생님이 □안에 글자에 색연필로 ○표시해 주세요.

아주 잘했습니다.　　　정말 잘했습니다.

잘했습니다.

매우 잘했습니다.　　　참 잘했습니다.

한 줄 스피드 속독 트레이닝 [1단계] ④호

* 시점을 중심으로부터 훈련 기호를 최대한 많이 본 상태에서 화살표를 따라 안구를 좌·우로 이동하여 글을 읽듯이 최대한 빠르게 아래로 이동합니다.
* 종합훈련 시 ①호~⑩호까지 연속으로 이동하여(1분 단위로 측정) 글자 수를 기록합니다.

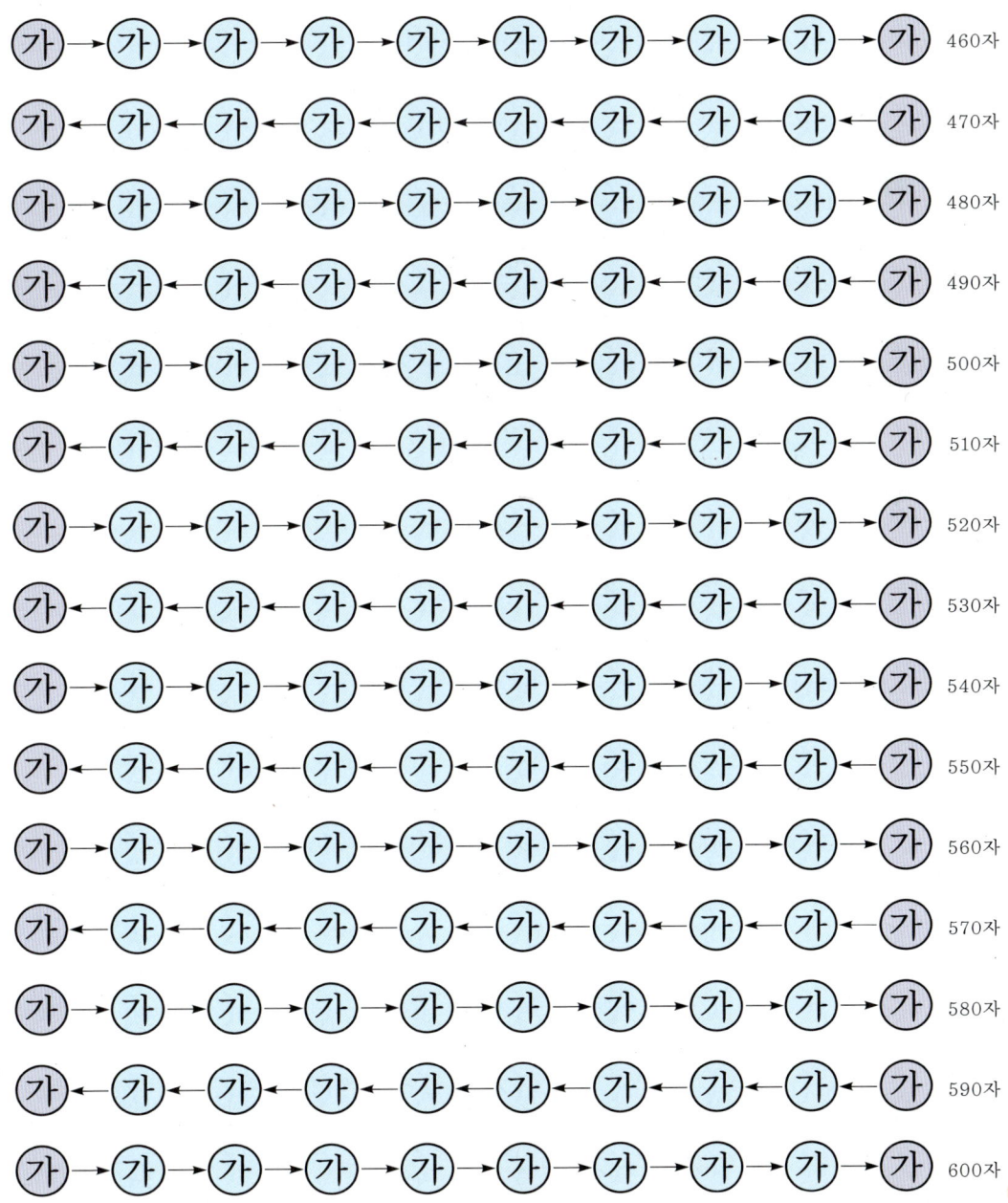

한 줄 스피드 속독 트레이닝 [1단계] ⑤호

* 시점을 중심으로부터 훈련 기호를 최대한 많이 본 상태에서 화살표를 따라 안구를 좌·우로 이동하여 글을 읽듯이 최대한 빠르게 아래로 이동합니다.
* 종합훈련 시 ①호~⑩호까지 연속으로 이동하여(1분 단위로 측정) 글자 수를 기록합니다.

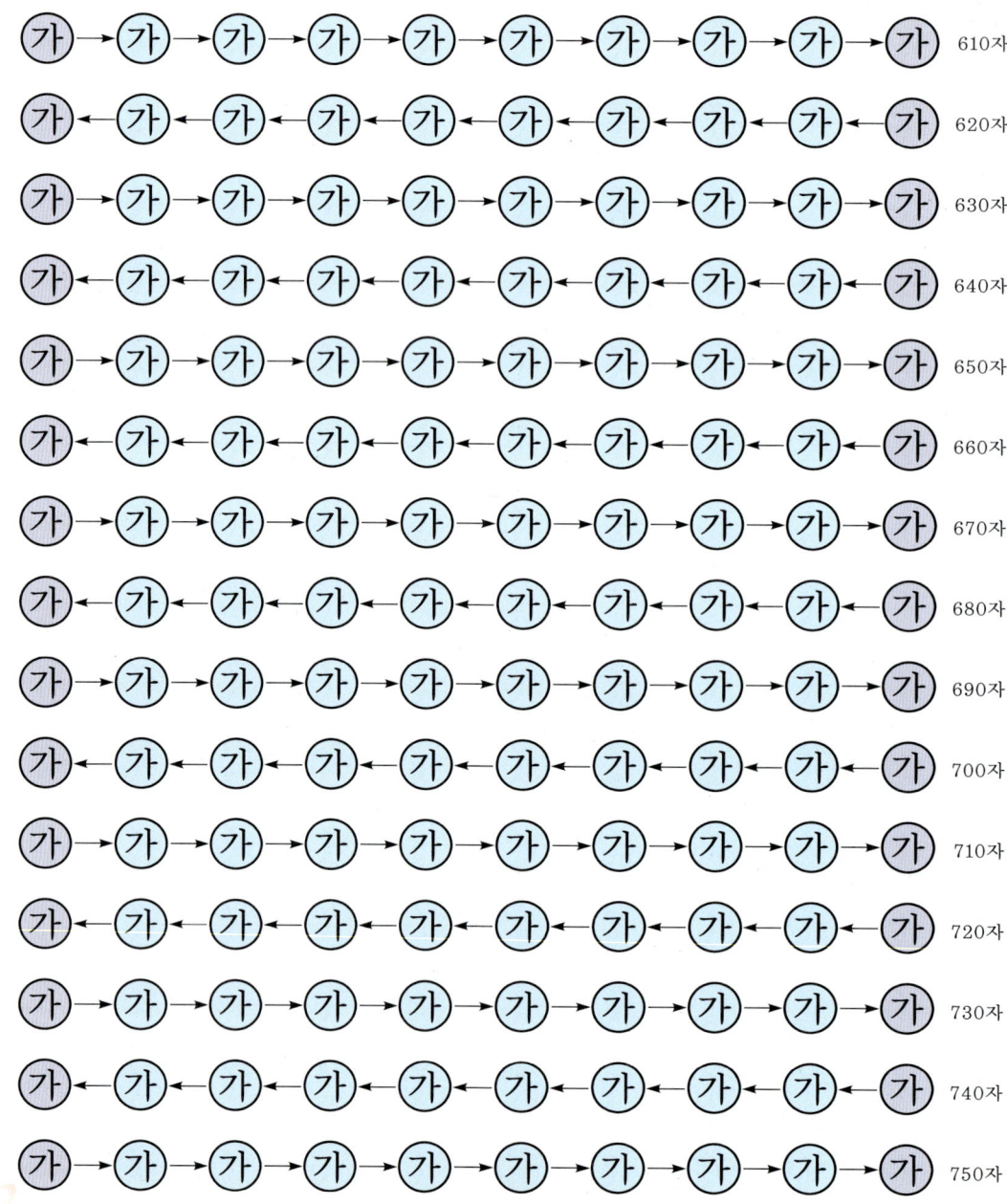

한 줄 스피드 속독 트레이닝 [1단계] ⑥호

* 시점을 중심으로부터 훈련 기호를 최대한 많이 본 상태에서 화살표를 따라 안구를 좌·우로 이동하여 글을 읽듯이 최대한 빠르게 아래로 이동합니다.
* 종합훈련 시 ①호~⑩호까지 연속으로 이동하여(1분 단위로 측정) 글자 수를 기록합니다.

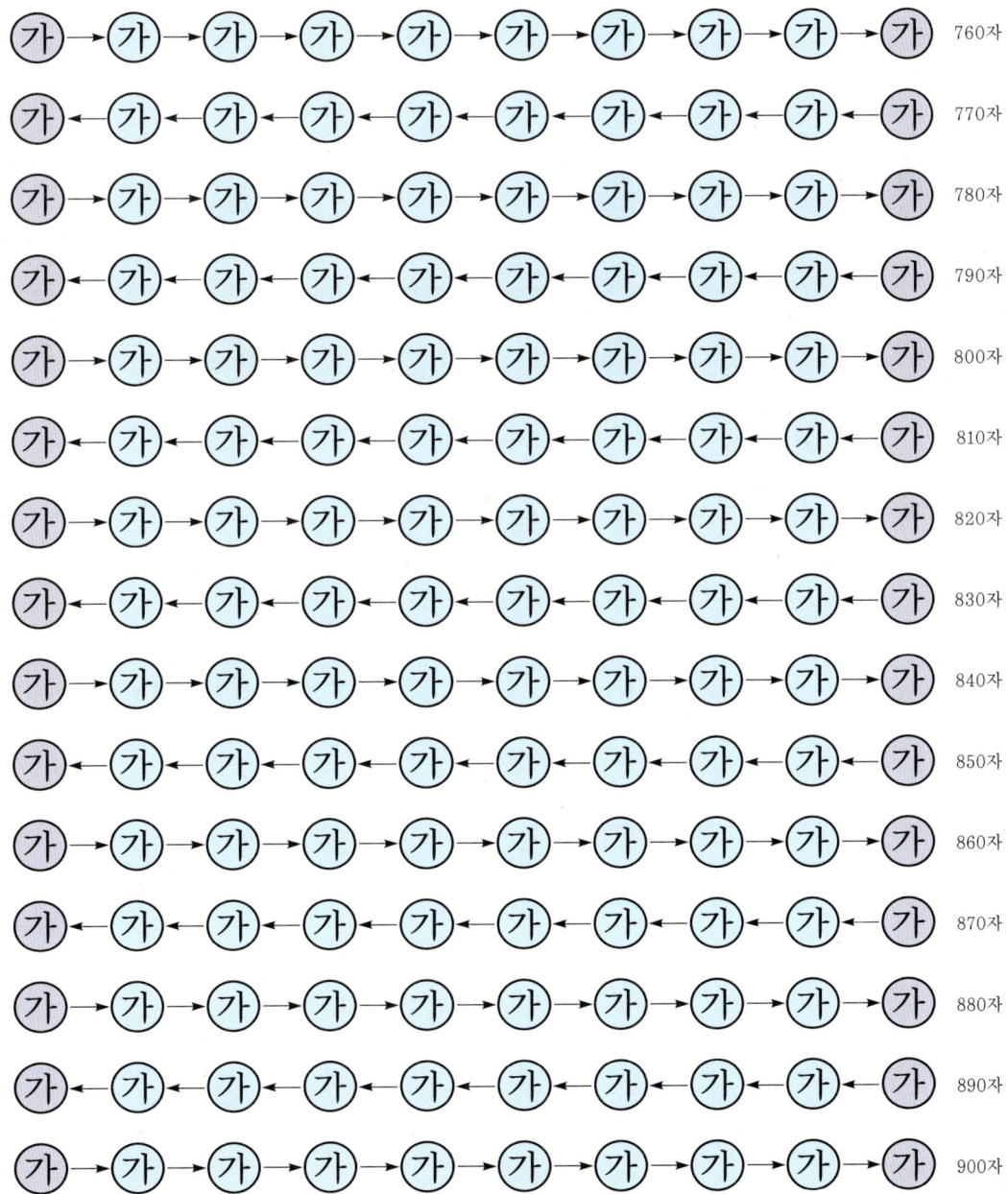

④호 ~ ⑥호까지 한 줄 훈련 기록표

* 실력 향상을 위하여 매회 소요시간을 꼭 기록하세요.

 1차   초
 2차   초
 3차   초

 4차   초
 5차   초
 6차   초

 7차   초
 8차   초
 9차   초

* 훈련을 다 마치고 나면 지도 선생님이 □안에 글자에 색연필로 ○표시해 주세요.

아주 잘했습니다.   정말 잘했습니다.

잘했습니다.

매우 잘했습니다.   참 잘했습니다.

훈련 기록표

한 줄 스피드 속독 트레이닝 [1단계] ⑦호

* 시점을 중심으로부터 훈련 기호를 최대한 많이 본 상태에서 화살표를 따라 안구를 좌·우로 이동하여 글을 읽듯이 최대한 빠르게 아래로 이동합니다.
* 종합훈련 시 ①호~⑩호까지 연속으로 이동하여(1분 단위로 측정) 글자 수를 기록합니다.

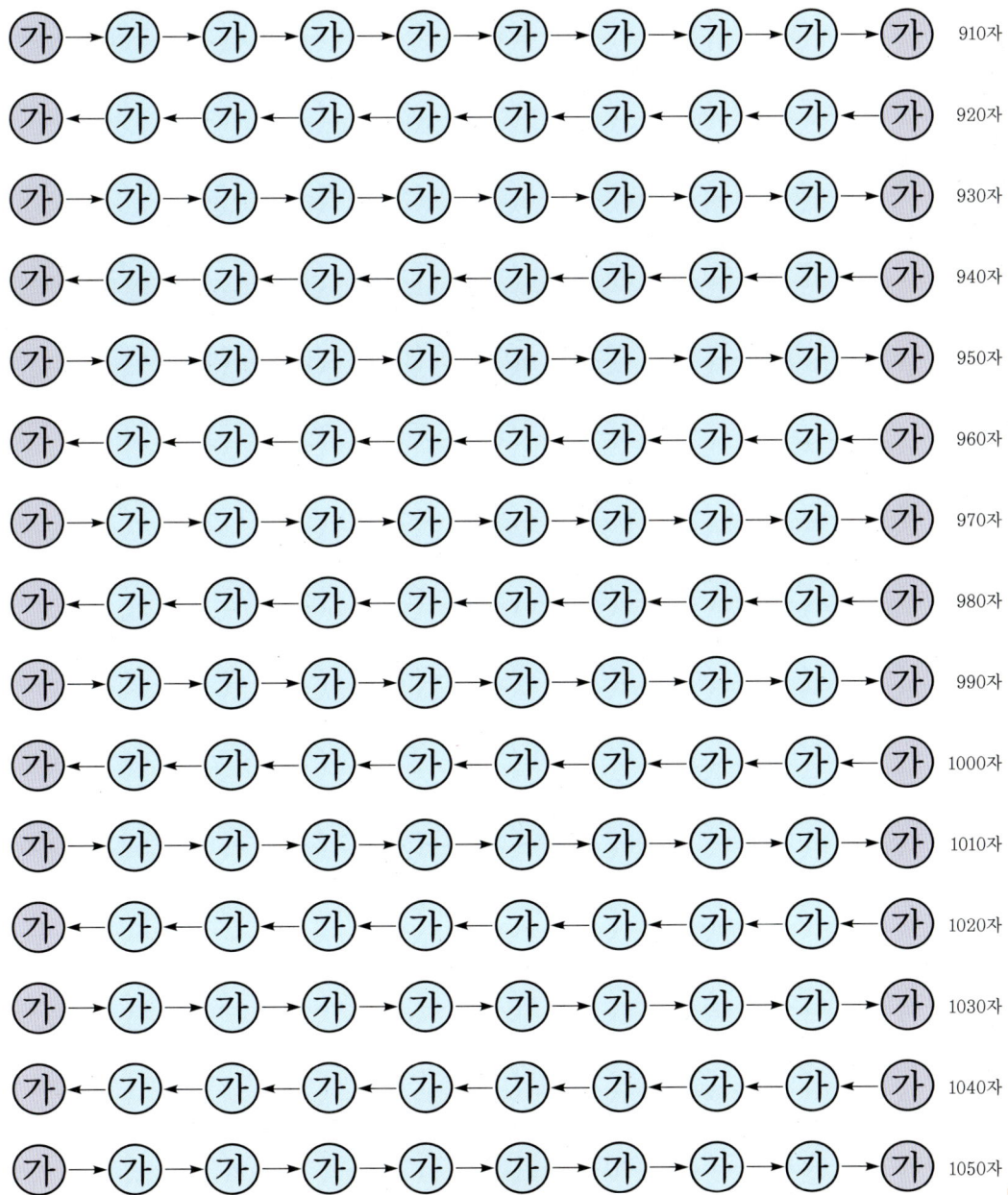

한 줄 스피드 속독 트레이닝 [1단계] ⑧호

* 시점을 중심으로부터 훈련 기호를 최대한 많이 본 상태에서 화살표를 따라 안구를 좌·우로 이동하여 글을 읽듯이 최대한 빠르게 아래로 이동합니다.
* 종합훈련 시 ①호~⑩호까지 연속으로 이동하여(1분 단위로 측정) 글자 수를 기록합니다.

← 시·점 →

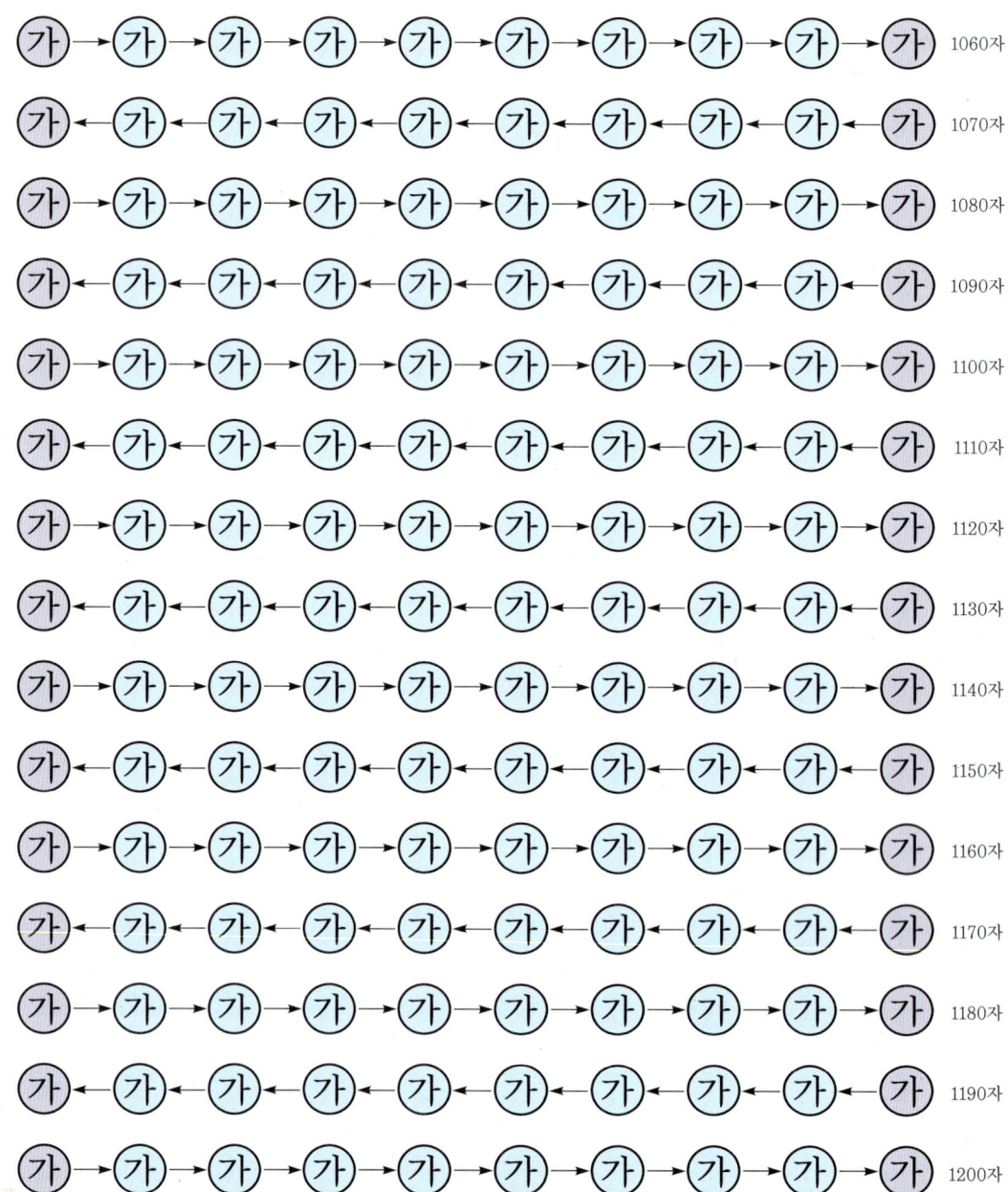

한 줄 스피드 속독 트레이닝 [1단계] ⑨호

* 시점을 중심으로부터 훈련 기호를 최대한 많이 본 상태에서 화살표를 따라 안구를 좌·우로 이동하여 글을 읽듯이 최대한 빠르게 아래로 이동합니다.
* 종합훈련 시 ①호~⑩호까지 연속으로 이동하여(1분 단위로 측정) 글자 수를 기록합니다.

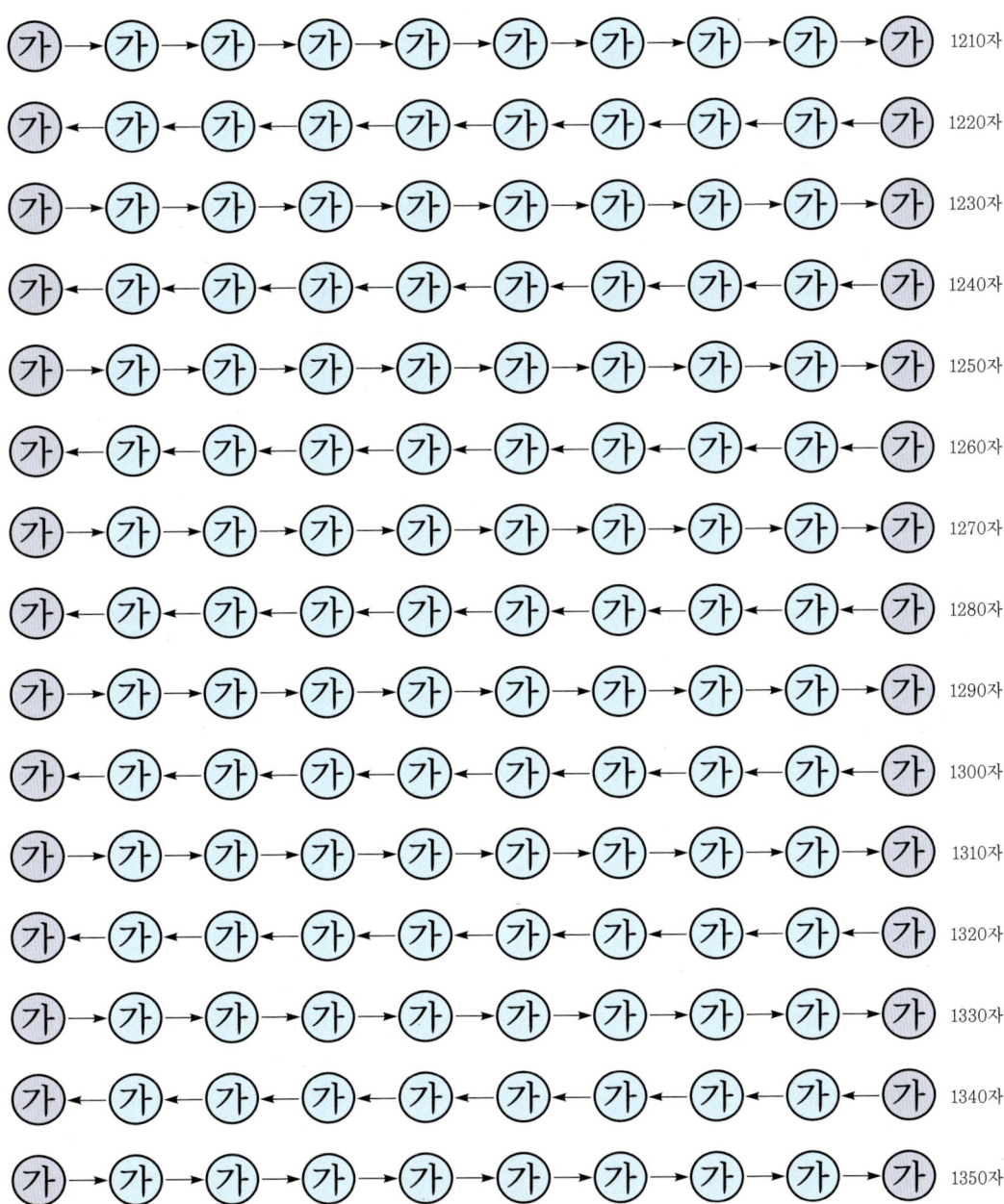

한 줄 스피드 속독 트레이닝 [1단계] ⑩호

* 시점을 중심으로부터 훈련 기호를 최대한 많이 본 상태에서 화살표를 따라 안구를 좌·우로 이동하여 글을 읽듯이 최대한 빠르게 아래로 이동합니다.
* 종합훈련 시 ①호~⑩호까지 연속으로 이동하여(1분 단위로 측정) 글자 수를 기록합니다.

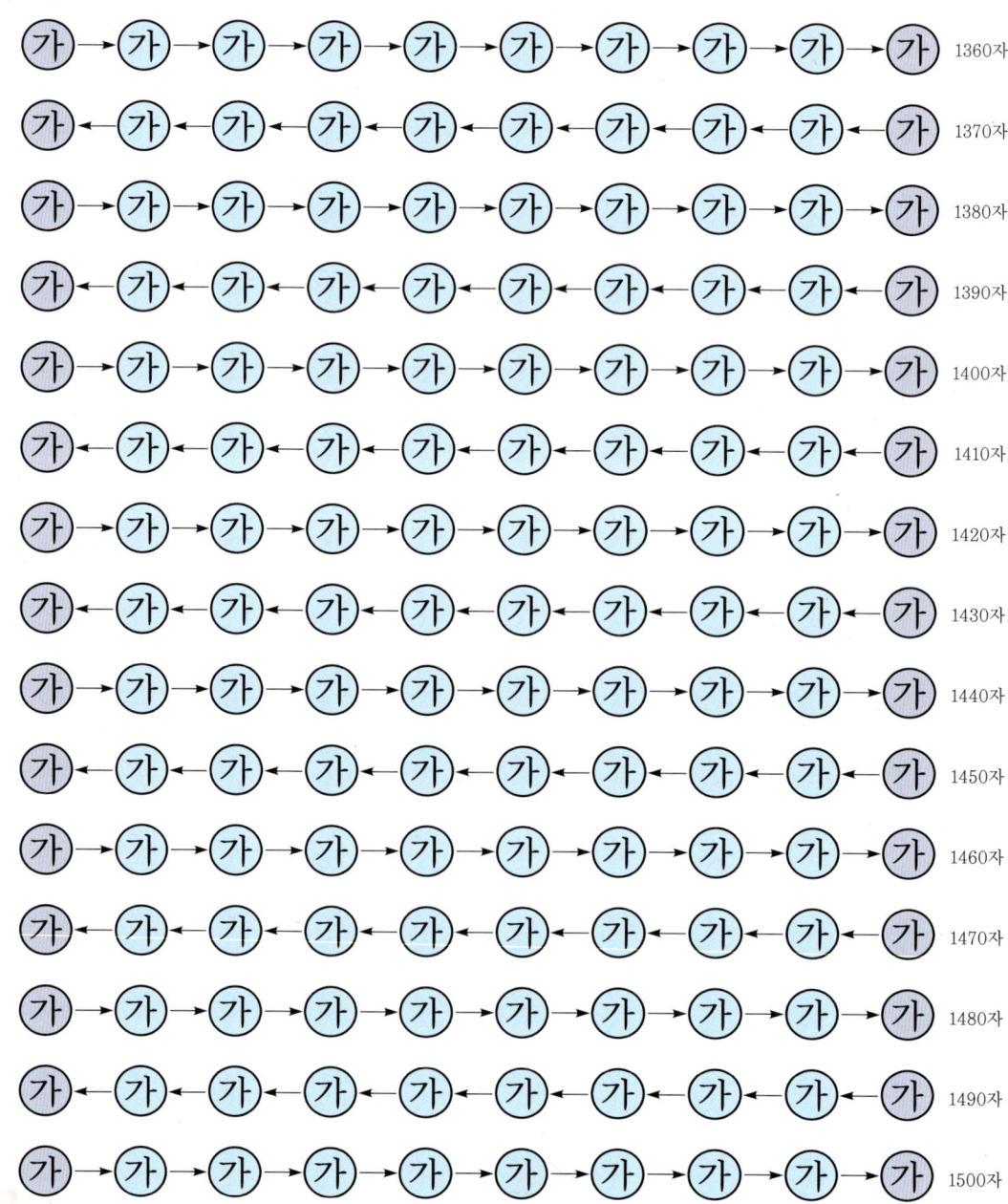

⑦호 ~ ⑩호까지 한 줄 훈련 기록표

* 실력 향상을 위하여 매회 소요시간을 꼭 기록하세요.

 초  초  초

 초  초  초

 초  초  초

* 훈련을 다 마치고 나면 지도 선생님이 □안에 글자에 색연필로 ○표시해 주세요.

아주 잘했습니다.   정말 잘했습니다.

잘했습니다.

매우 잘했습니다.   참 잘했습니다.

한 줄 연속 ①호~⑩호까지 스피드 속독 트레이닝 기록표

* 실력 향상을 위하여 매회 소요시간을 꼭 기록하세요.

1차 기록	1분간 글자 수 :	자
2차 기록	1분간 글자 수 :	자
3차 기록	1분간 글자 수 :	자
4차 기록	1분간 글자 수 :	자
5차 기록	1분간 글자 수 :	자
6차 기록	1분간 글자 수 :	자
7차 기록	1분간 글자 수 :	자
8차 기록	1분간 글자 수 :	자
9차 기록	1분간 글자 수 :	자
10차 기록	1분간 글자 수 :	자

♥ 처음 한 번은 동시를 지도 선생님이 읽어 주세요. ♥

아래 동시의 내용을 읽으면서
표시된 중심 낱말을 인지하세요.

[풍선]의 중심 낱말 찾기 훈련

빨간풍선 입에 물고 푸~하면

개구리 배처럼 부풀어 올라요

얼굴까지 찡그리며 세차게 불면 귀밑도 찡해져요,

터질까 봐 살살 불어도 가슴은 콩닥콩닥

어느덧 풍선은 내 얼굴만큼 커져 있어요,

손으로 풍선 끝을 꼭 쥐고 실로 꽁꽁 묶으면

어느새 내 동생은 손 내미네

풍선 든 동생은 웃음이 가득 여기저기 뛰면서 기뻐하네,

돌부리에 넘어져도 울지 않고

그러다가 터지면 그냥 울어요,

풍선의 중심 낱말 찾기

* 앞의 동시를 읽고 연상되는 낱말을 10개를 모두 찾아 ○표하세요.

1차 낱말 5개 찾기 소요시간 : 초	2차 낱말 5개 찾기 소요시간 : 초
개구리	놀이터
발	터지면
돌부리	입
실	엄마
친구	손
귀밑	올챙이
얼굴	동생
형	가슴

1장-32 중심 낱말 찾기

2장 목차

- 3 선을 따라서 같은 물건 인지하기 훈련[1]
- 4 선을 따라서 같은 물건 인지하기 훈련[2]
- 5 선을 따라서 같은 물건 인지하기 훈련[3]
- 6 같은 물건 훈련 기록표
- 7 눈 체조[2]
- 8 눈 체조 훈련 기록표
- 9 집중력으로 한 글자 인지훈련 [1단계] ①호
- 10 집중력으로 한 글자 인지훈련 [1단계] ②호
- 11 집중력으로 한 글자 인지훈련 [1단계] ③호
- 12 ①호~③호까지 한 글자 훈련 기록표
- 13 집중력으로 한 글자 인지훈련 [1단계] ④호
- 14 집중력으로 한 글자 인지훈련 [1단계] ⑤호
- 15 집중력으로 한 글자 인지훈련 [1단계] ⑥호
- 16 ④호~⑥호까지 한 글자 훈련 기록표
- 17 집중력으로 한 글자 인지훈련 [1단계] ⑦호
- 18 집중력으로 한 글자 인지훈련 [1단계] ⑧호
- 19 집중력으로 한 글자 인지훈련 [1단계] ⑨호
- 20 집중력으로 한 글자 인지훈련 [1단계] ⑩호
- 21 ⑦호~⑩호까지 한 글자 훈련 기록표
- 22 한 글자 연속 ①~⑩호까지 스피드 인지훈련 기록표
- 23 실전속독 트레이닝 및 이해도 테스트[별님이에게 은혜 갚은 두꺼비]
- 32 이해도 테스트

독서영재 두뇌 속독법 시리즈 정답표

정답 확인

p6 배추 20개 마늘 21개 당근 24개 오이 23개 바나나 25개 피망 21개

p12 배 6 닭 7 말 8 소 7 눈 6 귤 8 밤 4 양 8 감 6 별 5 용 8 책 7 봄 7
곰 5 콩 5

p16 가 10 배 7 파 9 라 9 감 4 사 9 책 8 밤 5 나 10 별 7 자 8 소 5 다 9

p21 용 6 하 11 닭 9 가 12 콩 10 나 12 별 9 책 5 다 12 사 12 아 12 바 11 귤 6

p22 배 19 닭 21 말 20 소 18 눈 20 귤 19 밤 18 양 21 감 19 별 21 용 21 책 20 봄 20
곰 18 콩 18

p32 별림이에게 은혜갚은 두꺼비
① 5 ④ 4 ① 3 ③ 2 ② 1

선을 따라서 같은 물건 인지하기 훈련

* 선에 걸쳐있는 같은 도형의 개수를 세어가며 훈련[1]~[3]까지 빠르게 이동하세요.

←시·점→

35

물건 인지하기 훈련

선을 따라서 같은 물건 인지하기 훈련

* 선에 걸쳐있는 같은 도형의 개수를 세어가며 훈련[1]~[3]까지 빠르게 이동하세요.

←시·점→

선을 따라서 같은 물건 인지하기 훈련

* 선에 걸쳐있는 같은 도형의 개수를 세어가며 훈련[1]~[3]까지 빠르게 이동하세요.

←시·점→

선을 따라서 같은 물건 인지훈련 기록표

* 초시계로 매회 소요시간을 측정하여 기록하세요.

물건	1차	2차	3차
배추	도형개수 : 개 소요시간 : 초	도형개수 : 개 소요시간 : 초	도형개수 : 개 소요시간 : 초
마늘	도형개수 : 개 소요시간 : 초	도형개수 : 개 소요시간 : 초	도형개수 : 개 소요시간 : 초
당근	도형개수 : 개 소요시간 : 초	도형개수 : 개 소요시간 : 초	도형개수 : 개 소요시간 : 초
오이	도형개수 : 개 소요시간 : 초	도형개수 : 개 소요시간 : 초	도형개수 : 개 소요시간 : 초
바나나	도형개수 : 개 소요시간 : 초	도형개수 : 개 소요시간 : 초	도형개수 : 개 소요시간 : 초
피망	도형개수 : 개 소요시간 : 초	도형개수 : 개 소요시간 : 초	도형개수 : 개 소요시간 : 초

눈 체조 [2]

* 시점을 중심에 두고 화살표(→) 방향을 따라 ① ② ③ ④순으로 안구를 같은 방향으로 연속 이동하여 총 10회를 빠르게 반복 실시하세요.

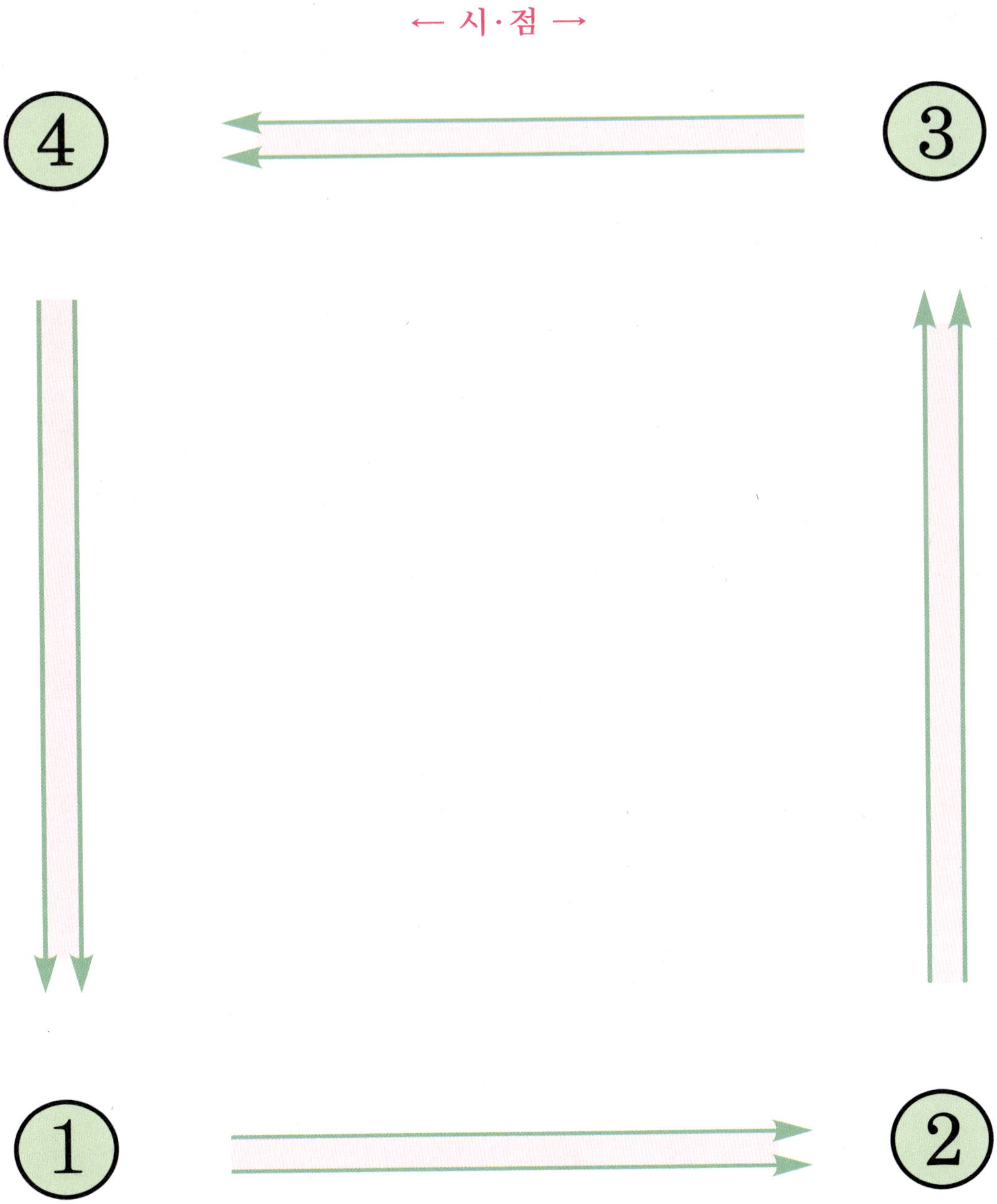

← 시·점 →

눈 체조 [2] 훈련 기록표

* 실력 향상을 위하여 매회 소요시간을 꼭 기록하세요.

1차	초		11차	초
2차	초		12차	초
3차	초		13차	초
4차	초		14차	초
5차	초		15차	초
6차	초		16차	초
7차	초		17차	초
8차	초		18차	초
9차	초		19차	초
10차	초		20차	초

집중력으로 한 글자 인지훈련 [1단계] ①호

* 시점을 중심에 두고 안구만을 움직여 Z자 형식으로 빠르게 인지합니다.
* 인지훈련 시 같은 낱말이 몇 개가 있는지 개수를 헤아리며 이동합니다.
* ①~③호까지 같은 글자의 개수가 맞는지 확인하고 소요시간을 기록하세요.

← 시·점 →

→배→ →닭→ →말→ →소→ →눈→ →귤→ →밤→ →양→

←감← ←별← ←용← ←책← ←봄← ←곰← ←콩←

→봄→ →사→ →양→ →가→ →라→ →배→ →자→

←소← ←마← ←용← ←카← ←아← ←감←

→자→ →타→ →별→ →나→ →하→ →사→ →말→

←귤← ←가← ←콩← ←바← ←다← ←책←

→카→ →배→ →사→ →아→ →곰→ →파→ →봄→

←용← ←라← ←하← ←자← ←밤← ←마←

→곰→ →차→ →나→ →타→ →가→ →말→ →귀→

←별← ←다← ←귤← ←파← ←바← ←닭←

→눈→ →마→ →책→ →하→ →봄→ →카→ →양→

집중력으로 한 글자 인지훈련 [1단계] ②호

* 시점을 중심에 두고 안구만을 움직여 Z자 형식으로 빠르게 인지합니다.
* 인지훈련 시 같은 낱말이 몇 개가 있는지 개수를 헤아리며 이동합니다.
* ①~③호까지 같은 글자의 개수가 맞는지 확인하고 소요시간을 기록하세요.

← 시·점 →

→ 다 → 아 → 말 → 라 → 타 → 감 → 사 →

← 굴 ← 가 ← 마 ← 하 ← 책 ← 카 ←

→ 양 → 자 → 바 → 용 → 나 → 파 → 배 →

← 하 ← 다 ← 눈 ← 사 ← 차 ← 봄 ←

→ 닭 → 가 → 마 → 타 → 양 → 라 → 소 →

← 책 ← 카 ← 자 ← 굴 ← 코 ← 별 ←

→ 곰 → 나 → 콩 → 바 → 파 → 말 → 하 →

← 배 ← 사 ← 아 ← 다 ← 용 ← 손 ←

→ 라 → 팔 → 밤 → 하 → 눈 → 타 → 마 →

← 감 ← 자 ← 봄 ← 나 ← 카 ← 닭 ←

→ 소 → 가 → 용 → 바 → 굴 → 아 → 책 →

집중력으로 한 글자 인지훈련 [1단계] ③호

* 시점을 중심에 두고 안구만을 움직여 Z자 형식으로 빠르게 인지합니다.
* 인지훈련 시 같은 낱말이 몇 개가 있는지 개수를 헤아리며 이동합니다.
* ①~③호까지 같은 글자의 개수가 맞는지 확인하고 소요시간을 기록하세요.

← 시·점 →

→ 나 → 양 → 자 → 소 → 다 → 라 → 콩 →

← 봄 ← 하 ← 바 ← 사 ← 말 ← 아 ←

→ 파 → 닭 → 마 → 카 → 타 → 감 → 나 →

← 바 ← 아 ← 눈 ← 하 ← 가 ← 곰 ←

→ 책 → 다 → 팔 → 배 → 자 → 파 → 양 →

← 소 ← 타 ← 라 ← 차 ← 마 ← 귤 ←

→ 카 → 말 → 사 → 용 → 귀 → 밤 → 입 →

← 감 ← 가 ← 바 ← 아 ← 닭 ← 하 ←

→ 나 → 양 → 라 → 마 → 별 → 카 → 눈 →

← 귤 ← 자 ← 콩 ← 타 ← 다 ← 말 ←

→ 닭 → 파 → 바 → 소 → 가 → 사 → 용 →

①호 ~ ③호까지 한 글자 훈련 기록표

* 실력 향상을 위하여 매회 소요시간을 꼭 기록하세요.

 초    초    초

 초    초    초

 초    초    초

* 훈련을 다 마치고 나면 지도 선생님이 □안에 글자에 색연필로 ○표시해 주세요.

아주 잘했습니다.   정말 잘했습니다.

잘했습니다.

매우 잘했습니다.   참 잘했습니다.

집중력으로 한 글자 인지훈련 [1단계] ④호

* 시점을 중심에 두고 안구만을 움직여 Z자 형식으로 빠르게 인지합니다.
* 인지훈련 시 같은 낱말이 몇 개가 있는지 개수를 헤아리며 이동합니다.
* ④~⑥호까지 같은 글자의 개수가 맞는지 확인하고 소요시간을 기록하세요.

← 시·점 →

→ 가 → 배 → 파 → 라 → 감 → 사 → 책 →

← 밤 ← 나 ← 별 ← 자 ← 소 ← 다 ←

→ 바 → 아 → 말 → 카 → 가 → 양 → 손 →

← 책 ← 사 ← 마 ← 하 ← 배 ← 타 ←

→ 눈 → 차 → 가 → 용 → 코 → 파 → 밤 →

← 닭 ← 라 ← 귀 ← 나 ← 바 ← 책 ←

→ 다 → 양 → 카 → 하 → 굴 → 자 → 콩 →

← 파 ← 밤 ← 타 ← 사 ← 아 ← 곰 ←

→ 감 → 마 → 나 → 말 → 라 → 하 → 봄 →

← 배 ← 바 ← 가 ← 굴 ← 다 ← 용 ←

→ 별 → 타 → 소 → 자 → 양 → 카 → 닭 →

집중력으로 한 글자 인지훈련 [1단계] ⑤호

* 시점을 중심에 두고 안구만을 움직여 Z자 형식으로 빠르게 인지합니다.
* 인지훈련 시 같은 낱말이 몇 개가 있는지 개수를 헤아리며 이동합니다.
* ④~⑥호까지 같은 글자의 개수가 맞는지 확인하고 소요시간을 기록하세요.

← 시·점 →

→ 카 → 별 → 파 → 봄 → 자 → 소 → 라 →

← 말 ← 다 ← 사 ← 용 ← 가 ← 타 ←

→ 양 → 바 → 하 → 콩 → 마 → 배 → 팔 →

← 자 ← 눈 ← 타 ← 아 ← 나 ← 말 ←

→ 책 → 라 → 발 → 닭 → 파 → 다 → 카 →

← 배 ← 마 ← 가 ← 사 ← 귀 ← 별 ←

→ 차 → 용 → 나 → 바 → 하 → 눈 → 타 →

← 굴 ← 아 ← 파 ← 곰 ← 자 ← 양 ←

→ 봄 → 타 → 가 → 말 → 라 → 카 → 콩 →

← 나 ← 책 ← 바 ← 아 ← 밤 ← 마 ←

→ 별 → 사 → 감 → 다 → 굴 → 파 → 용 →

집중력으로 한 글자 인지훈련 [1단계] ⑥호

* 시점을 중심에 두고 안구만을 움직여 Z자 형식으로 빠르게 인지합니다.
* 인지훈련 시 같은 낱말이 몇 개가 있는지 개수를 헤아리며 이동합니다.
* ④~⑥호까지 같은 글자의 개수가 맞는지 확인하고 소요시간을 기록하세요.

← 시·점 →

→ 닭 → 타 → 나 → 양 → 마 → 카 → 눈 →

← 책 ← 바 ← 사 ← 다 ← 배 ← 아 ←

→ 자 → 감 → 카 → 소 → 라 → 코 → 별 →

← 용 ← 나 ← 하 ← 말 ← 파 ← 콩 ←

→ 카 → 배 → 손 → 가 → 봄 → 타 → 양 →

← 아 ← 눈 ← 마 ← 바 ← 책 ← 사 ←

→ 곰 → 라 → 파 → 소 → 자 → 나 → 용 →

← 별 ← 다 ← 하 ← 가 ← 닭 ← 카 ←

→ 바 → 나 → 귤 → 사 → 파 → 차 → 봄 →

← 밤 ← 자 ← 라 ← 아 ← 감 ← 다 ←

→ 양 → 타 → 봄 → 마 → 책 → 가 → 눈 →

④호 ~ ⑥호까지 한 글자 훈련 기록표

* 실력 향상을 위하여 매회 소요시간을 꼭 기록하세요.

* 훈련을 다 마치고 나면 지도 선생님이 □안에 글자에 색연필로 ○표시해 주세요.

아주 잘했습니다.   정말 잘했습니다.

잘했습니다.

매우 잘했습니다.   참 잘했습니다.

집중력으로 한 글자 인지훈련 [1단계] ⑦호

* 시점을 중심에 두고 안구만을 움직여 Z자 형식으로 빠르게 인지합니다.
* 인지훈련 시 같은 낱말이 몇 개가 있는지 개수를 헤아리며 이동합니다.
* ⑦~⑩호까지 같은 글자의 개수가 맞는지 확인하고 소요시간을 기록하세요.

← 시·점 →

→ 용 → 하 → 닭 → 가 → 콩 → 나 → 별 →

← 책 ← 다 ← 사 ← 아 ← 바 ← 귤 ←

→ 타 → 말 → 마 → 자 → 라 → 양 → 카 →

← 곰 ← 다 ← 파 ← 바 ← 닭 ← 코 ←

→ 가 → 눈 → 차 → 나 → 손 → 봄 → 타 →

← 콩 ← 카 ← 사 ← 배 ← 팔 ← 자 ←

→ 라 → 감 → 하 → 아 → 곰 → 마 → 밤 →

← 자 ← 소 ← 바 ← 손 ← 다 ← 용 ←

→ 타 → 별 → 나 → 봄 → 하 → 말 → 파 →

← 귤 ← 아 ← 가 ← 카 ← 눈 ← 자 ←

→ 밤 → 마 → 닭 → 라 → 곰 → 사 → 양 →

집중력으로 한 글자 인지훈련 [1단계] ⑧호

* 시점을 중심에 두고 안구만을 움직여 Z자 형식으로 빠르게 인지합니다.
* 인지훈련 시 같은 낱말이 몇 개가 있는지 개수를 헤아리며 이동합니다.
* ⑦~⑩호까지 같은 글자의 개수가 맞는지 확인하고 소요시간을 기록하세요.

← 시·점 →

→ 말 → 바 → 콩 → 아 → 감 → 파 → 밤 →

← 나 ← 별 ← 라 ← 타 ← 닭 ← 자 ←

→ 파 → 눈 → 다 → 가 → 하 → 카 → 용 →

← 마 ← 양 ← 귀 ← 사 ← 말 ← 발 ←

→ 자 → 밤 → 파 → 봄 → 바 → 감 → 하 →

← 차 ← 타 ← 별 ← 나 ← 소 ← 코 ←

→ 다 → 배 → 하 → 사 → 라 → 책 → 마 →

← 용 ← 가 ← 아 ← 곰 ← 자 ← 눈 ←

→ 타 → 닭 → 사 → 콩 → 타 → 나 → 별 →

← 감 ← 바 ← 라 ← 카 ← 배 ← 가 ←

→ 아 → 소 → 마 → 자 → 밤 → 다 → 귤 →

집중력으로 한 글자 인지훈련 [1단계] ⑨호

* 시점을 중심에 두고 안구만을 움직여 Z자 형식으로 빠르게 인지합니다.
* 인지훈련 시 같은 낱말이 몇 개가 있는지 개수를 헤아리며 이동합니다.
* ⑦~⑩호까지 같은 글자의 개수가 맞는지 확인하고 소요시간을 기록하세요.

← 시·점 →

→ 콩 → 눈 → 자 → 나 → 닭 → 귀 → 봄 →

← 말 ← 라 ← 사 ← 타 ← 책 ← 파 ←

→ 별 → 다 → 감 → 마 → 아 → 소 → 하 →

← 바 ← 배 ← 카 ← 자 ← 곰 ← 발 ←

→ 용 → 팔 → 가 → 콩 → 사 → 파 → 밤 →

← 굴 ← 타 ← 나 ← 차 ← 양 ← 코 ←

→ 아 → 책 → 라 → 바 → 하 → 눈 → 카 →

← 가 ← 닭 ← 다 ← 파 ← 감 ← 마 ←

→ 곰 → 자 → 밤 → 카 → 콩 → 나 → 별 →

← 사 ← 봄 ← 아 ← 라 ← 배 ← 하 ←

→ 다 → 소 → 가 → 마 → 바 → 타 → 곰 →

집중력으로 한 글자 인지훈련 [1단계] ⑩호

* 시점을 중심에 두고 안구만을 움직여 Z자 형식으로 빠르게 인지합니다.
* 인지훈련 시 같은 낱말이 몇 개가 있는지 개수를 헤아리며 이동합니다.
* ⑦~⑩호까지 같은 글자의 개수가 맞는지 확인하고 소요시간을 기록하세요.

← 시·점 →

→ 곰 → 카 → 다 → 눈 → 타 → 마 → 책 →

← 감 ← 손 ← 바 ← 가 ← 자 ← 밤 ←

→ 파 → 콩 → 귀 → 사 → 봄 → 나 → 하 →

← 용 ← 다 ← 팔 ← 닭 ← 라 ← 아 ←

→ 별 → 타 → 마 → 가 → 카 → 감 → 파 →

← 굴 ← 자 ← 하 ← 곰 ← 입 ← 사 ←

→ 바 → 아 → 나 → 말 → 귀 → 타 → 콩 →

← 봄 ← 라 ← 차 ← 가 ← 하 ← 눈 ←

→ 사 → 밤 → 카 → 마 → 파 → 닭 → 아 →

← 배 ← 타 ← 양 ← 다 ← 자 ← 별 ←

→ 콩 → 나 → 곰 → 라 → 소 → 바 → 귤 →

⑦호 ~ ⑩호까지 한 글자 훈련 기록표

* 실력 향상을 위하여 매회 소요시간을 꼭 기록하세요.

 초    초    초

 초    초    초

 초    초    초

* 훈련을 다 마치고 나면 지도 선생님이 □안에 글자에 색연필로 ○표시해 주세요.

아주 잘했습니다.   정말 잘했습니다.

잘했습니다.

매우 잘했습니다.   참 잘했습니다.

한 글자 연속 ①호~⑩호까지 스피드 인지훈련 기록표

* 낱말의 개수 오차 + - 하나 차이는 합격으로 인정합니다.
* 실력 향상을 위하여 매회 소요시간을 꼭 기록하세요.

낱말	1차 기록	2차 기록	3차 기록
배	분 초	분 초	분 초
닭	분 초	분 초	분 초
말	분 초	분 초	분 초
소	분 초	분 초	분 초
눈	분 초	분 초	분 초
귤	분 초	분 초	분 초
밤	분 초	분 초	분 초
양	분 초	분 초	분 초
감	분 초	분 초	분 초
별	분 초	분 초	분 초
용	분 초	분 초	분 초
책	분 초	분 초	분 초
봄	분 초	분 초	분 초
곰	분 초	분 초	분 초
콩	분 초	분 초	분 초

실전속독 트레이닝 및 이해도 테스트[1]

* 한 줄의 글자를 최대한 많이 본 상태에서 중심 낱말을 인지하며 빠르게 이어갑니다.
* 이해도 테스트는 1회만 하고 2회부터는 속독 향상을 위해 기록 단축훈련을 하세요.

별님이에게 은혜 갚은 두꺼비 [첫째 마당]

옛날 옛날에 산과 강이 보이는 작은 마을이 있습니다. 21자

작은 마을에는 농사일하는 어머니와 별님이라는 딸이 살았습 25자
니다. 2자

착하고 예쁜 별님이는 어머니의 농사일을 매일 도와드렸습니 25자
다. 1자

별님이는 홀로 된 어머니를 지극 정성으로 모시고 사는 효녀이 25자
지요. 2자

밭에서 돌아온 어느 날이었습니다. 14자

"어머니, 피곤해 보이니 방으로 들어가서 좀 쉬세요." 20자

"아니다, 난, 괜찮다." 7자

"아니어요, 낮에 밭에서 힘들어하셨잖아요." 17자

159자

"제가 저녁식사를 준비할 테니 쉬세요."

"미안하다, 별님아, 불쌍한 우리 딸!"

별님이는 부엌에서 아궁이에 불을 지펴 밥을 하기 시작합니다.

아궁이는 방이나 솥 따위에 불을 때려고 만든 구멍입니다.

아궁이에 나무를 넣고 불을 지펴 밥을 짓기도 하고 방을 따뜻하게도 합니다.

날씨가 갑자기 "우두둑", 굵은 빗방울이 세차게 떨어지는 소리가 납니다.

별님의 근처로 무엇인가 '엉금엉금' 기어오고 있었습니다.

"앗! 뭐야" 놀라서 쳐다보니 금색의 두꺼비였습니다.

"이리와, 두껍아, 놀랐잖아~"

별님이는 두꺼비를 아궁이 앞에 앉혔습니다.

"비바람 불어 춥지?" "아궁이 앞에서 따뜻하게 불이나 쬐렴,"

두꺼비는 별님이의 말을 알아듣는 것처럼 머리를 움직입니다.

* 실력 향상을 위하여 매회 소요시간을 꼭 기록하세요. [첫째 마당 글자 수 : 총 411자]

1차 기록 :   초   2차 기록 :   초   3차 기록 :   초

별님이에게 은혜 갚은 두꺼비 [둘째 마당]

울퉁불퉁하고 누르스름한 빛깔의 두꺼비의 몸. 19자
약간은 징그럽지만 불쌍해서 내 쫓지 않았습니다. 20자
"너 배고픈 것 같구나, 기다려! 두껍아, 밥해서 줄게," 19자
어느덧 가마솥에 연기가 모락모락 밥이 되었습니다. 21자
솥뚜껑을 열어 밥을 저어서 나무주걱으로 밥을 퍼내었습니다. 25자
차가운 물에 밥을 넣어 두꺼비에게 주었습니다. 19자
얼른 다가가 밥을 넙죽넙죽 맛있게 먹는 두꺼비! 19자
이제 두꺼비와 별님이는 친한 친구가 되었습니다. 20자
그 후로 두꺼비는 부엌에서 살게 되었습니다. 18자
"두껍아, 일하고 올게, 집 잘 보고 있어라!" 15자
어머니와 별님이는 밭에 일하러 나갔습니다. 18자
두꺼비는 부엌 한구석에 자리를 13자
잡고 앉아 있습니다. 8자
"귀여운 동생! 5자
친한 친구야!" 5자
"두껍아, 나 왔어, 어디 있니?" 10자
엉금엉금 기어 나와 별님이를 맞이합니다. 17자

+
217자

"두껍아, 밥 먹자!"

별님이의 정성으로 무럭무럭 자라서 어른 두꺼비가 되었습니다.

그런데, 마을에는 여자를 제물로 바치고 제사를 지내는 이상한 풍습이 있습니다.

무서운 괴물이 나타나 여자를 잡아먹는다고 합니다.

제사를 지내지 않으면 무서운 괴물이 나타나서 소, 돼지의 가축과 사람들을 잡아먹는다고 합니다.

제사는 매년 7월 1일입니다.

아무 탈 없이 한해가 잘 지내려면 마을 사람들이 차례대로 돌아가면서 제물을 내 놓아야 합니다.

드디어 별님이네 차례가 되었습니다.

"아이고, 어쩌나, 우리 딸 불쌍해서 어쩌나?"

사랑하는 딸을 제물로 내놓아야 하니 눈앞이 깜깜했습니다.

별님이에게 은혜 갚은 두꺼비 [셋째 마당]

매일 밤 눈물을 흘리며 딸을 걱정하다가 병이 나서 자리에 눕게 되었습니다.

칠월 초하루는 하루하루 다가왔습니다.

"이제 내가 제물이 되어 괴물에게 잡혀 먹히네."

"두껍아, 너에게 밥을 주는 것도 오늘이 마지막 날이로구나,"

별님이는 두꺼비 앞에서 눈물을 펑펑 쏟았습니다.

그런데 두꺼비가 이상하게도 밥을 먹지 않고 별님이의 치마폭 위로 올라왔습니다.

"오늘 밤이 너와 나가 마지막 밤이 되겠구나?"

별님이는 두꺼비를 치마폭에 싸서 방으로 들어갔습니다.

방에 들어온 두꺼비는 잠을 못 이루는지 눈만 껌벅거립니다.

어느덧 날이 밝았습니다.

별님이는 옷을 갈아입고 머리를 만지고 몸단장을 합니다.

"하늘도 무심하시지! 예쁜 내 딸, 불쌍해서 어쩌나?"

"아이고! 아이고!" 소리를 높여 슬피 울고 계십니다.

벌써 저녁때가 되었습니다.

"조금 있으면 제사 지낼 시각이 다 되었소!"

밖에서 마을 어른들의 웅성거리는 소리가 들립니다.

별님이가 눈물을 흘리며 "두껍아, 이제 우리는 헤어져야 해."

두꺼비는 그럴수록 떨어지지 않으려고 자꾸만 치마 끝에 매달립니다.

"시간이 없소! 빨리 나오시오."

동네 어른들이 빨리하라고 재촉합니다.

별님이는 안방으로 들어가 어머니께 영원히 작별을 알리는 마지막 인사로 큰절을 올렸습니다.

마당으로 나온 별님이를 데리고 산속 굴 앞, 제사지내는 장소에 도착하였습니다.

그런데 별님이의 허리에 묵직한 것이 있었습니다.

자세히 만져보니 두꺼비였습니다.

마을 어른들이 "자 이제 제사를 지냅시다,"별님이를 앉혀 놓고 제단에 향불을 피웠습니다.

마을에서 나이가 가장 많은 노인이 신에게 올리는 글을 읽었습니다.

[셋째 마당 글자 수 : 총 567자]

* 실력 향상을 위하여 매회 소요시간을 꼭 기록하세요.

| 1차 기록 : 초 | 2차 기록 : 초 | 3차 기록 : 초 |

별님이에게 은혜 갚은 두꺼비 [넷째 마당]

"어린 여자를 바치오니 기쁘게 받으시고 우리 마을에 아무 일 없이 잘 보살펴 주시옵소서!"
마을 사람들이 모두 큰절을 올리니 제사가 모두 끝이 났습니다.
마을 사람들은 별님이를 남겨두고 산에서 내려갔습니다.
옆에서 제사를 지켜보던 두꺼비는 눈만 깜박거렸습니다.
"두껍아, 이제 너도 돌아가라."
"조금 있으면 무서운 괴물이 나타날 것이야."
"잘못하다가 너도 위험해, 어서 내려가!"
두꺼비는 꼼짝도 못하고 구석자리에 앉아 있습니다.
한밤중이 되었습니다.
동굴 속에서 이상한 바람과 함께 괴물이 나타났습니다.
"이제는 죽는구나! 나는 죽었구나! 무서워!" 하고 '엉엉' 울었습니다.
'번쩍번쩍' 붉은빛과 푸른빛이 번쩍거리기 시작합니다.
별님이는 그만 정신을 잃고 말았습니다.
붉은빛과 푸른빛은 서로 싸우고 있었습니다.

두 빛은 한참 동안 번쩍거리며 싸우다가 둘 다 똑같이 땅으로 떨어졌습니다.

붉은빛이 사라지고 이어서 푸른빛도 사라졌습니다.

어느덧 날이 밝았습니다.

별님이는 정신을 차리고 주위를 살펴보았습니다.

커다란 괴물이 쓰러져 죽어 있고, 두꺼비도 쓰러져 죽어 있었습니다.

별님이는 두꺼비를 손으로 감싸 안았습니다.

"네가 나를 지켜 주었구나!"

"너 때문에 내가 이렇게 살았구나!"

두꺼비를 껴안고 울었습니다.

웅성거리며 마을 사람들이 산으로 올라왔습니다.

"아니, 이게 어떻게 된 일이야!"

마을 사람들은 괴물이 죽어 있는 것을 보고 깜짝 놀랐습니다.

두꺼비가 괴물과 싸워 죽게 된 것을 알았습니다.

별님이가 밥을 먹여 키운 두꺼비가 은혜를 갚은 것을 알았습니다.

마을 사람들은 별님이를 부축하여 산에서 내려왔습니다. 23자

두꺼비를 볕이 바로 드는 곳인 양지에 묻었습니다. 20자

마을 사람들은 잘못된 풍습을 깨닫고 제사 지내는 풍습이 사라 25자
졌습니다. 4자

별님이와 어머니는 매년 칠월 초하루만 되면 두꺼비 무덤을 찾 25자
아갔습니다. 5자

"두껍아, 두껍아" 6자

"내 딸 살려준 두껍아, 고맙다!" 11자

별님이는 자기의 생명을 구해준 두꺼비를 평생 잊지 않겠죠? 24자

별님이가 고맙게 베풀어준 은혜를 죽음으로 갚은 두꺼비의 24자
이야기입니다. -끝- 6자
+
173자

별님이에게 은혜 갚은 두꺼비 [전체 글자 수 : 2,191자]

※ 실력 향상을 위하여 매회 소요시간을 꼭 기록하세요. [넷째 마당 글자 수 : 총 713자]

1차 기록 :   초   2차 기록 :   초   3차 기록 :   초

별님이에게 은혜 갚은 두꺼비 이해도 테스트

* 아래 5문제 중 3문제 이상 맞추어야 합니다.
* 틀린 문제가 있으면 다음 시간에 다시 읽고 정답을 확인하세요.
* 정답 확인은 한 번만 확인하고 2회부터 독서를 위한 속독훈련만 하세요.

1. 어머니와 사는 딸 이름은 누구일까요?[   ]
   ① 꽃님이   ② 별님이   ③ 달님이   ④ 예쁜이

2. 방이나 솥 따위에 불을 때려고 만든 구멍은 무엇일까요?[   ]
   ① 양동이   ② 가스레인지   ③ 아궁이   ④ 연탄

3. 굵은 빗방울이 세차게 떨어지는 소리는 어떻게 표현하나요?[   ]
   ① 우두둑   ② 뽀두둑   ③ 톡톡톡   ④ 푸드둑

4. 칠월 초하루는 언제일까요?[   ]
   ① 1월1일   ② 5월1일   ③ 7월15일   ④ 7월1일

5. 괴물과 싸워서 별님이를 구한 주인공은 누구인가요?[   ]
   ① 두꺼비   ② 개구리   ③ 거북이   ④ 자라

속독향상을 위한 실전훈련 기록표

* 실력 향상을 위하여 [첫째 마당]~[넷째 마당]까지 연속하여 매회 소요시간을 꼭 기록하세요.

1차: 소요시간	2차: 소요시간	3차: 소요시간
분 초	분 초	분 초

3장 목차

- 3 속독을 위한 기본 안구운동 세로 훈련[1]
- 4 속독을 위한 기본 안구운동 세로 훈련[2]
- 5 속독을 위한 기본 안구운동 세로 훈련 기록표
- 6 실전속독을 위한 기본 안구의 Z흐름 이동훈련[1]
- 7 실전독을 위한 기본 안구의 Z흐름 이동훈련[2]
- 8 기본 안구의 S흐름 이동운동 훈련 기록표
- 9 선을 따라 같은 숫자를 빠르게 인지하기 훈련[1]
- 10 선을 따라 같은 숫자를 빠르게 인지하기 훈련[2]
- 11 선을 따라 같은 숫자를 빠르게 인지하기 훈련[3]
- 12 숫자 인지훈련 [1]~[3]까지 연속훈련 기록표
- 13 눈 체조[3]
- 14 눈 체조 훈련 기록표
- 15 독서력 향상을 위한 안구흐름 두 글자 인지훈련[1]
- 16 독서력 향상을 위한 안구흐름 한 글자 인지훈련[2]
- 17 두 줄 스피드 속독 트레이닝 [2단계] ①호~③호
- 20 ①호~③호까지 두 줄 훈련 기록표
- 21 두 줄 스피드 속독 트레이닝 [2단계] ④호~⑥호
- 24 ④호~⑥호까지 두 줄 훈련 기록표
- 25 두 줄 스피드 속독 트레이닝 [2단계] ⑦호~⑩호
- 29 ⑦호~⑩호까지 두 줄 훈련 기록표
- 30 두 줄 연속 ①호~⑩호까지 스피드 속독 트레이닝 기록표
- 31 [보름달]의 중심 낱말 찾기 훈련
- 32 보름달의 중심 낱말 찾기

독서영재 두뇌 속독법 시리즈 정답표

정답 확인

p9 선을 따라 같은 숫자를 빠르게 인지하기 훈련[1]
일 7개   이 3개   삼 6개   사 6개   오 8개

p10 선을 따라 같은 숫자를 빠르게 인지하기 훈련[2]
육 4개   칠 5개   팔 3개   구 4개   십 2개

p11 선을 따라 같은 숫자를 빠르게 인지하기 훈련[3]
일 2개   이 3개   삼 4개   사 6개   오 5개   육 4개   칠 6개   팔 4개   구 4개   십 3개

p12 선을 따라 같은 숫자를 빠르게 인지하기 [1]~[3] 연속훈련
일 12개   이 8개   삼 14개   사 16개   오 16개   육 9개   칠 12개   팔 9개   구 9개   십 6개

속독을 위한 기본 안구운동 훈련 [1] 세로

* 훈련 시 머리는 고정한 상태에서 안구만을 움직여 상·하로 빠르게 이동합니다.
* 시점을 중심에 두고 앞·뒤 쪽에 있는 네모기호를 빠르게 3회씩 반복 훈련합니다.

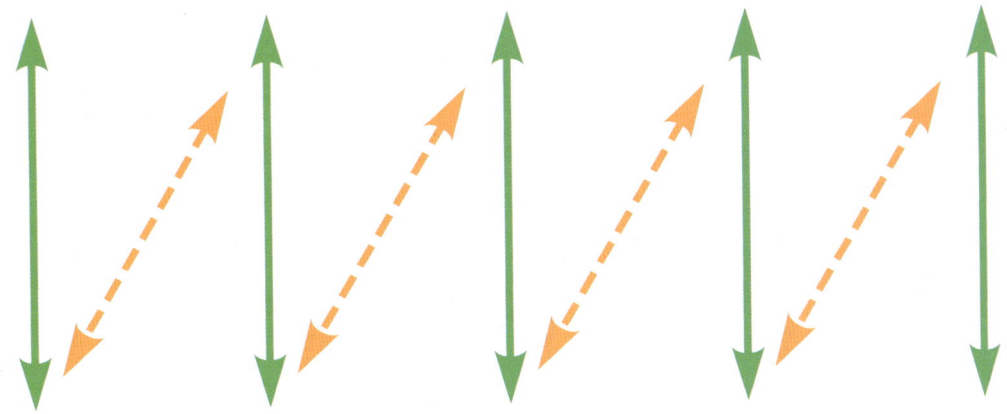

기본 안구운동 훈련

속독을 위한 기본 안구운동  훈련 [2]

* 훈련 시 머리는 고정한 상태에서 안구만을 움직여 상·하로 빠르게 이동합니다.
* 시점을 중심에 두고 앞·뒤 쪽에 있는 네모기호를 빠르게 3회씩 반복 훈련합니다.

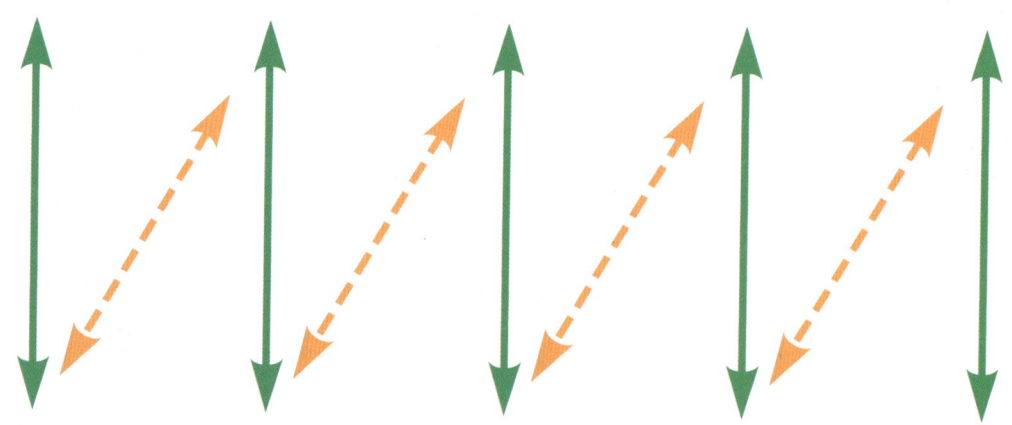

속독을 위한 기본 안구운동
세로 훈련 기록표

* 실력 향상을 위하여 매회 소요시간을 꼭 기록하세요.

1차	초	11차	초
2차	초	12차	초
3차	초	13차	초
4차	초	14차	초
5차	초	15차	초
6차	초	16차	초
7차	초	17차	초
8차	초	18차	초
9차	초	19차	초
10차	초	20차	초

실전속독을 위한 기본 안구의 Z흐름 이동훈련

* 훈련 시 머리는 고정한 상태에서 선을 따라서 빠르게 아래로 이동합니다.
* 시점을 중심에 두고 좌·우 두 쪽을 빠르게 1회씩 훈련합니다.

←시·점→

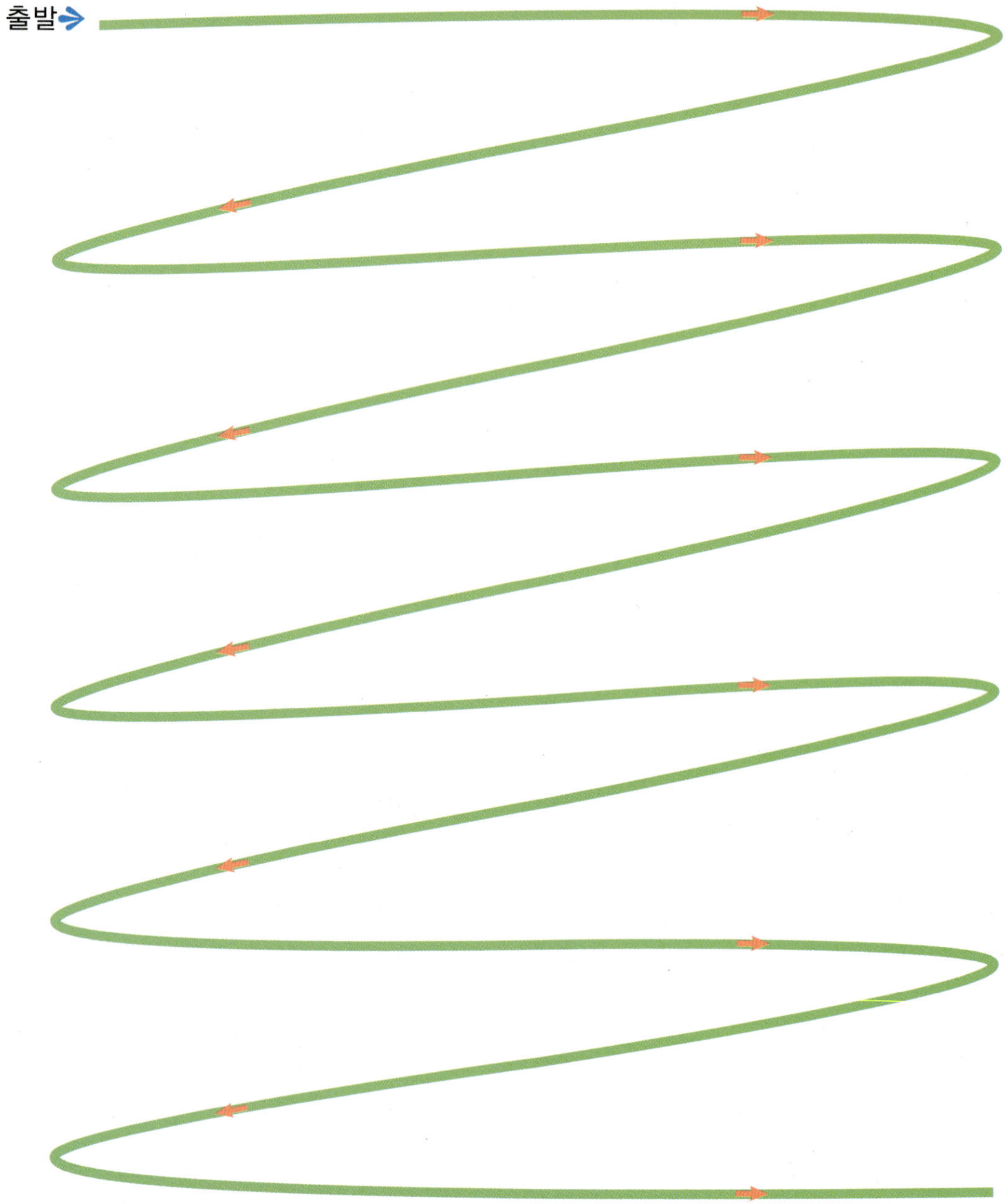

출발➡

실전속독을 위한 기본 안구의 Z흐름 이동훈련 2

* 훈련 시 머리는 고정한 상태에서 선을 따라서 빠르게 아래로 이동합니다.
* 시점을 중심에 두고 좌·우 두 쪽을 빠르게 1회씩 훈련합니다.

←시·점→

연결→

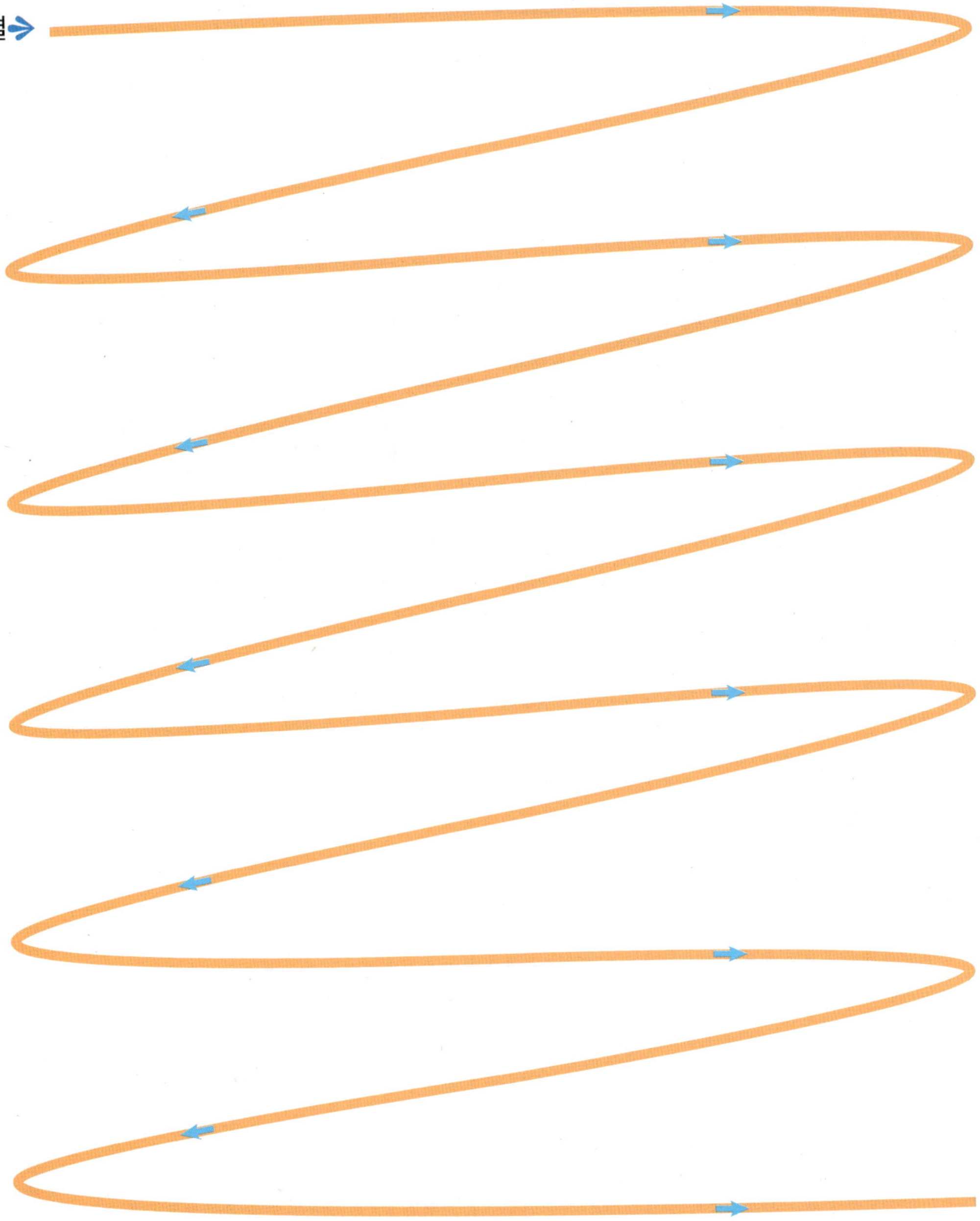

안구의 Z흐름 이동운동 훈련 기록표

* 실력 향상을 위하여 매회 소요시간을 꼭 기록하세요.

1차	초	11차	초
2차	초	12차	초
3차	초	13차	초
4차	초	14차	초
5차	초	15차	초
6차	초	16차	초
7차	초	17차	초
8차	초	18차	초
9차	초	19차	초
10차	초	20차	초

선을 따라 같은 숫자를 빠르게 인지하기 훈련[1]

* 아래 한글숫자 일~오 중 하나를 선택하여 개수를 세어가며 빠르게 인지하세요.

←시·점→

선택➡ 오   이   삼   일   사

일   사   아   오   육   삼

사   일   팔   삼   오   일

오   사   일   사   칠

삼   이   오   사

삼   오   구   일   십

오   팔   삼   이   오   일

* 초시계로 소요시간을 측정하여 기록하세요.

1차 기록	2차 기록	3차 기록	4차 기록	5차 기록
소요시간 초	소요시간 초	소요시간 초	소요시간 초	소요시간 초
개 수 : 개	개 수 : 개	개 수 : 개	개 수 : 개	개 수 : 개

선을 따라 같은 숫자를 빠르게 인지하기 훈련[2]

* 아래 한글숫자 육~십 중 하나를 선택하여 개수를 세어가며 빠르게 인지하세요.

←시·점→

선택➡ 십 칠 육 팔 구

칠 삼 구 일 육

이 구 오 칠 팔

육 삼 일 사 구

십 칠 사 삼 오

육 일 팔 이 삼

사 삼 오 칠 사

* 초시계로 소요시간을 측정하여 기록하세요.

1차 기록	2차 기록	3차 기록	4차 기록	5차 기록
소요시간 초	소요시간 초	소요시간 초	소요시간 초	소요시간 초
개 수 : 개	개 수 : 개	개 수 : 개	개 수 : 개	개 수 : 개

3장-10 숫자 인지하기 훈련

선을 따라 같은 숫자를 빠르게 인지하기 훈련[3]

* 훈련[1]에서 일~십 중 선택한 숫자를 훈련[3]까지 연속하여 한글숫자의 개수를 세어가며 빠르게 인지하세요.

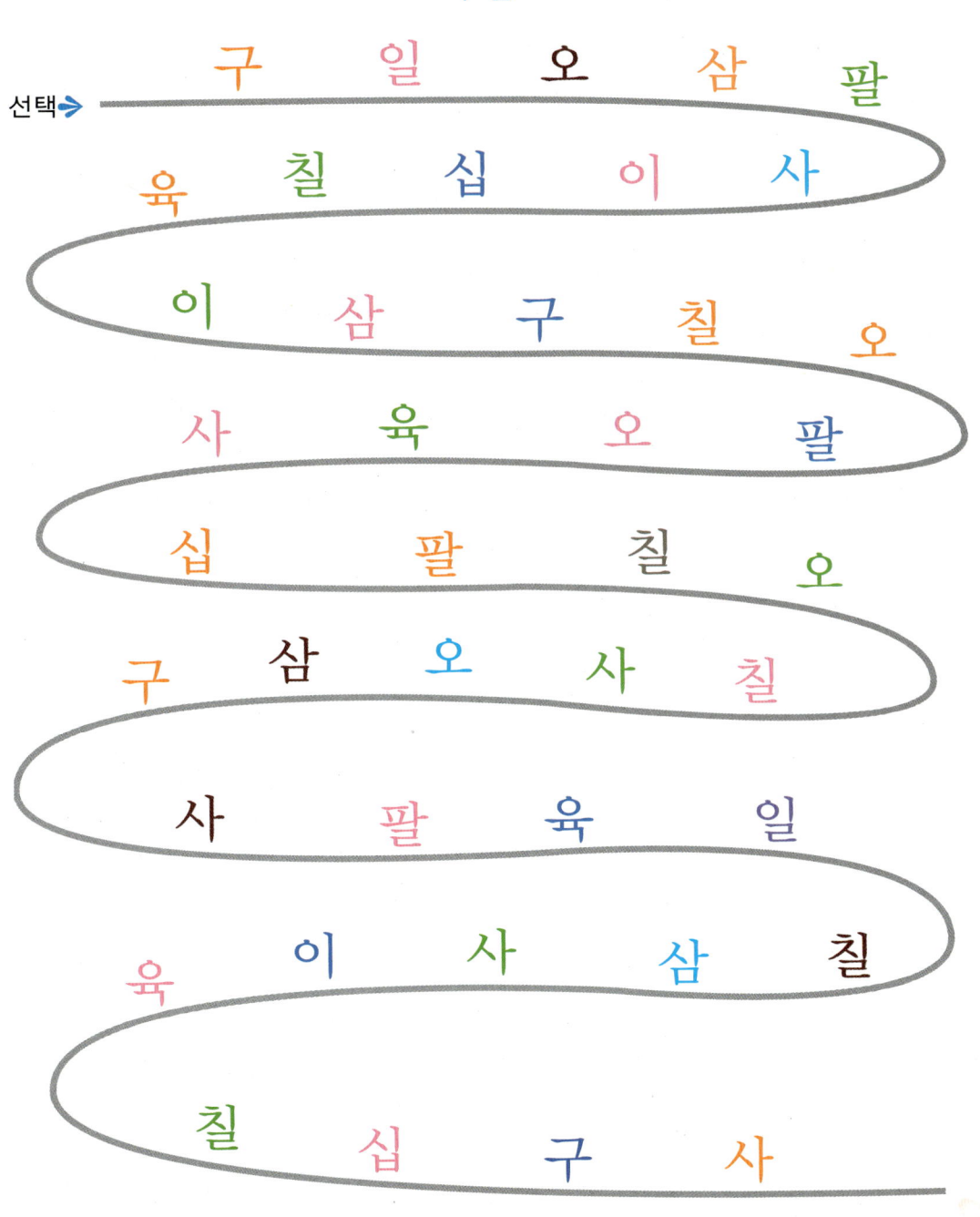

숫자 인지훈련 [1] ~ [3] 까지 연속훈련 기록표

* 초시계로 소요시간을 측정하여 기록하세요.

숫자훈련	1차 기록	2차 기록	3차 기록
일	소요시간: 초 개 수: 개	소요시간: 초 개 수: 개	소요시간: 초 개 수: 개
이	소요시간: 초 개 수: 개	소요시간: 초 개 수: 개	소요시간: 초 개 수: 개
삼	소요시간: 초 개 수: 개	소요시간: 초 개 수: 개	소요시간: 초 개 수: 개
사	소요시간: 초 개 수: 개	소요시간: 초 개 수: 개	소요시간: 초 개 수: 개
오	소요시간: 초 개 수: 개	소요시간: 초 개 수: 개	소요시간: 초 개 수: 개
육	소요시간: 초 개 수: 개	소요시간: 초 개 수: 개	소요시간: 초 개 수: 개
칠	소요시간: 초 개 수: 개	소요시간: 초 개 수: 개	소요시간: 초 개 수: 개
팔	소요시간: 초 개 수: 개	소요시간: 초 개 수: 개	소요시간: 초 개 수: 개
구	소요시간: 초 개 수: 개	소요시간: 초 개 수: 개	소요시간: 초 개 수: 개
십	소요시간: 초 개 수: 개	소요시간: 초 개 수: 개	소요시간: 초 개 수: 개

눈 체조 [3]

✻ 시점을 중심에 두고 화살표(→) 방향을 따라 좌·우, 대각선으로 총 10회를 빠르게 반복 이동하세요.

← 시·점 →

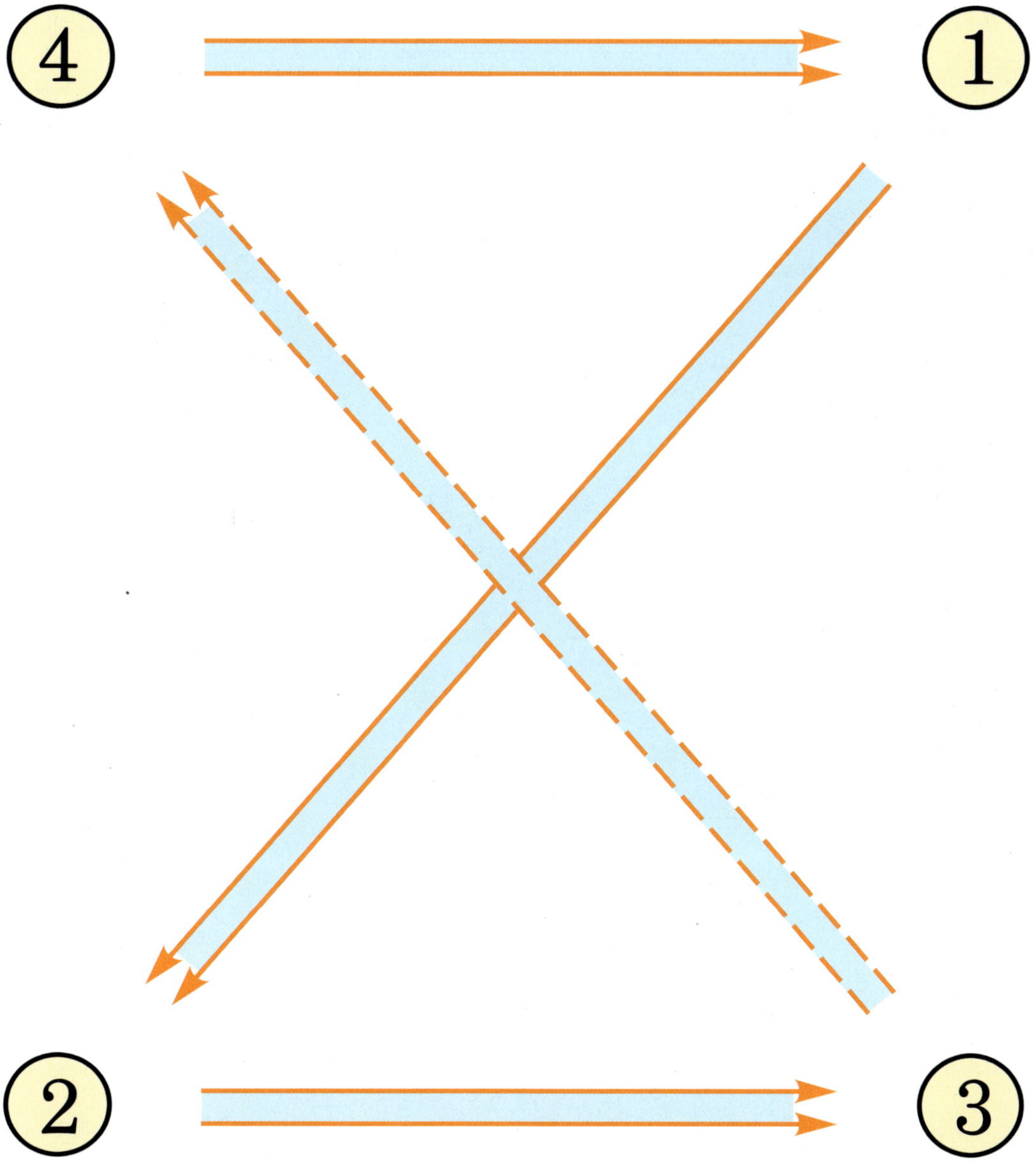

④　　　　　　　　　①

②　　　　　　　　　③

눈 체조 [3] 훈련 기록표

＊ 실력 향상을 위하여 매회 소요시간을 꼭 기록하세요.

1차	초	11차	초
2차	초	12차	초
3차	초	13차	초
4차	초	14차	초
5차	초	15차	초
6차	초	16차	초
7차	초	17차	초
8차	초	18차	초
9차	초	19차	초
10차	초	20차	초

독서력 향상을 위한 안구흐름 두 글자 인지훈련 [1]

* 좌측의 토끼 한 글자 낱말을 인지하고 나서 그 줄에 같은 글자를 찾으세요.
* 다시 우측의 배추 낱말을 인지하고 나서 그 줄에 같은 글자를 찾으면 됩니다.

← 시 · 점 →

토끼 → 사슴 배추 고래 토끼 사과 기차 인형 참새 모자 낙타 연

낙타 사슴 사과 모자 배추 참새 연 고래 토끼 기차 인형 ← 배추

모자 → 토끼 낙타 사슴 배추 인형 연 사과 기차 모자 참새 고래 연

인형 모자 사과 기차 낙타 사슴 배추 참새 고래 토끼 ← 사과

낙타 → 배추 인형 연 기차 모자 토끼 고래 참새 사과 낙타 사슴

기차 모자 낙타 참새 사슴 고래 배추 토끼 인형 연 사과 ← 고래

인형 → 참새 고래 토끼 배추 인형 모자 낙타 연 사과 기차 사슴

사슴 배추 인형 연 참새 토끼 낙타 사과 기차 고래 모자 ← 사슴

참새 → 토끼 낙타 인형 연 사슴 배추 기차 모자 사과 참새 고래

연 사과 기차 토끼 낙타 모자 참새 고래 사슴 배추 인형 ← 연

기차 → 참새 인형 고래 연 사과 기차 사슴 배추 모자 토끼 낙타

* 초시계로 소요시간을 측정하여 기록하세요.

1차 소요시간	2차 소요시간	3차 소요시간	4차 소요시간	5차 소요시간

독서력 향상을 위한 안구흐름 두 글자 인지훈련 [2]

* 좌측의 사슴 한 글자 낱말을 인지하고 나서 그 줄에 같은 글자를 찾으세요.
* 다시 우측의 고래 낱말을 인지하고 나서 그 줄에 같은 글자를 찾으면 됩니다.

← 시·점 →

사슴 → 토끼 사과 기차 낙타 연필 인형 참새 모자 사슴 배추 고래

고래 토끼 기차 인형 사과 모자 배추 참새 연필 낙타 사슴 ← 고래

모자 → 기차 참새 고래 낙타 토끼 연필 모자 사과 사슴 배추 인형

사과 기차 낙타 사슴 연필 인형 모자 고래 토끼 배추 참새 ← 기차

낙타 → 모자 토끼 고래 배추 인형 연필 기차 참새 낙타 사슴 사과

참새 사슴 사과 기차 고래 모자 토끼 인형 연필 낙타 배추 ← 고래

연필 → 낙타 참새 고래 사과 기차 연필 사슴 토끼 배추 인형 모자

사슴 참새 연필 토끼 낙타 사과 기차 배추 인형 고래 모자 ← 토끼

참새 → 모자 사과 토끼 연필 사슴 참새 배추 기차 고래 낙타 인형

연필 배추 사과 기차 참새 고래 사슴 토끼 낙타 모자 인형 ← 배추

사과 → 참새 인형 고래 연필 사과 기차 사슴 배추 모자 토끼 낙타

* 초시계로 소요시간을 측정하여 기록하세요.

1차 소요시간	2차 소요시간	3차 소요시간	4차 소요시간	5차 소요시간
초	초	초	초	초

두 줄 스피드 속독 트레이닝 [2단계] ①호

* 시점을 중심으로부터 훈련 기호를 최대한 많이 본 상태에서 화살표를 따라 안구를 좌·우로 이동하여 글을 읽듯이 최대한 빠르게 아래로 이동합니다.
* 종합훈련 시 ①호~⑩호까지 연속으로 이동하여(1분 단위로 측정) 글자 수를 기록합니다.

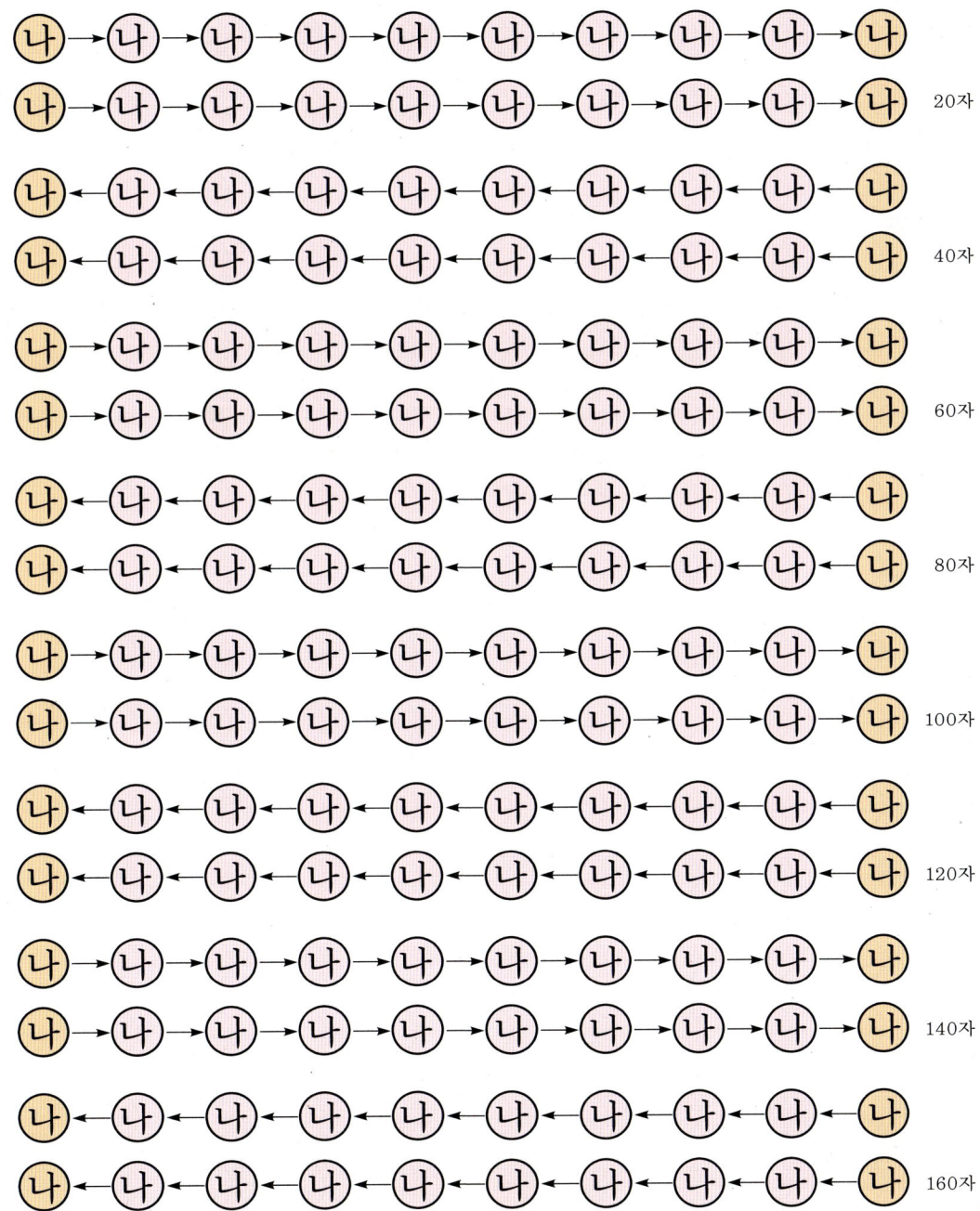

두 줄 스피드 속독 트레이닝 [2단계] ②호

* 시점을 중심으로부터 훈련 기호를 최대한 많이 본 상태에서 화살표를 따라 안구를 좌·우로 이동하여 글을 읽듯이 최대한 빠르게 아래로 이동합니다.
* 종합훈련 시 ①호~⑩호까지 연속으로 이동하여(1분 단위로 측정) 글자 수를 기록합니다.

← 시·점 →

180자
200자
220자
240자
260자
280자
300자
320자

두 줄 스피드 속독 트레이닝 [2단계] ③호

* 시점을 중심으로부터 훈련 기호를 최대한 많이 본 상태에서 화살표를 따라 안구를 좌·우로 이동하여 글을 읽듯이 최대한 빠르게 아래로 이동합니다.
* 종합훈련 시 ①호~⑩호까지 연속으로 이동하여(1분 단위로 측정) 글자 수를 기록합니다.

← 시·점 →

나→나→나→나→나→나→나→나→나→나
나→나→나→나→나→나→나→나→나→나 340자
나←나←나←나←나←나←나←나←나←나
나←나←나←나←나←나←나←나←나←나 360자
나→나→나→나→나→나→나→나→나→나
나→나→나→나→나→나→나→나→나→나 380자
나←나←나←나←나←나←나←나←나←나
나←나←나←나←나←나←나←나←나←나 400자
나→나→나→나→나→나→나→나→나→나
나→나→나→나→나→나→나→나→나→나 420자
나←나←나←나←나←나←나←나←나←나
나←나←나←나←나←나←나←나←나←나 440자
나→나→나→나→나→나→나→나→나→나
나→나→나→나→나→나→나→나→나→나 460자
나←나←나←나←나←나←나←나←나←나
나←나←나←나←나←나←나←나←나←나 480자

①호 ~ ③호까지 두 줄 훈련 기록표

* 실력 향상을 위하여 매회 소요시간을 꼭 기록하세요.

 1차 　　　초
 2차 　　　초
 3차 　　　초

 4차 　　　초
 5차 　　　초
 6차 　　　초

 7차 　　　초
 8차 　　　초
 9차 　　　초

* 훈련을 다 마치고 나면 지도 선생님이 □안에 글자에 색연필로 ○표시해 주세요.

아주 잘했습니다.　　　　정말 잘했습니다.

잘했습니다.

매우 잘했습니다.　　　　참 잘했습니다.

훈련 기록표

두 줄 스피드 속독 트레이닝 [2단계] ④호

* 시점을 중심으로부터 훈련 기호를 최대한 많이 본 상태에서 화살표를 따라 안구를 좌·우로 이동하여 글을 읽듯이 최대한 빠르게 아래로 이동합니다.
* 종합훈련 시 ①호~⑩호까지 연속으로 이동하여(1분 단위로 측정) 글자 수를 기록합니다.

← 시·점 →

나→나→나→나→나→나→나→나→나→나
나→나→나→나→나→나→나→나→나→나 500자
나←나←나←나←나←나←나←나←나←나
나←나←나←나←나←나←나←나←나←나 520자
나→나→나→나→나→나→나→나→나→나
나→나→나→나→나→나→나→나→나→나 540자
나←나←나←나←나←나←나←나←나←나
나←나←나←나←나←나←나←나←나←나 560자
나→나→나→나→나→나→나→나→나→나
나→나→나→나→나→나→나→나→나→나 580자
나←나←나←나←나←나←나←나←나←나
나←나←나←나←나←나←나←나←나←나 600자
나→나→나→나→나→나→나→나→나→나
나→나→나→나→나→나→나→나→나→나 620자
나←나←나←나←나←나←나←나←나←나
나←나←나←나←나←나←나←나←나←나 640자

두 줄 스피드 속독 트레이닝 [2단계] ⑤

* 시점을 중심으로부터 훈련 기호를 최대한 많이 본 상태에서 화살표를 따라 안구를 좌·우로 이동하여 글을 읽듯이 최대한 빠르게 아래로 이동합니다.
* 종합훈련 시 ①호~⑩호까지 연속으로 이동하여(1분 단위로 측정) 글자 수를 기록합니다.

← 시·점 →

660자
680자
700자
720자
740자
760자
780자
800자

두 줄 스피드 속독 트레이닝 [2단계] ⑥호

* 시점을 중심으로부터 훈련 기호를 최대한 많이 본 상태에서 화살표를 따라 안구를 좌·우로 이동하여 글을 읽듯이 최대한 빠르게 아래로 이동합니다.
* 종합훈련 시 ①호~⑩호까지 연속으로 이동하여(1분 단위로 측정) 글자 수를 기록합니다.

← 시·점 →

820자
840자
860자
880자
900자
920자
940자
960자

④호 ~ ⑥호까지 두 줄 훈련 기록표

＊ 실력 향상을 위하여 매회 소요시간을 꼭 기록하세요.

＊ 훈련을 다 마치고 나면 지도 선생님이 □안에 글자에 색연필로 ○표시해 주세요.

아주 잘했습니다.　　　　정말 잘했습니다.

잘했습니다.

매우 잘했습니다.　　　　참 잘했습니다.

두 줄 스피드 속독 트레이닝 [2단계] ⑦호

* 시점을 중심으로부터 훈련 기호를 최대한 많이 본 상태에서 화살표를 따라 안구를 좌·우로 이동하여 글을 읽듯이 최대한 빠르게 아래로 이동합니다.
* 종합훈련 시 ①호~⑩호까지 연속으로 이동하여(1분 단위로 측정) 글자 수를 기록합니다.

← 시·점 →

980자
1000자
1020자
1040자
1060자
1080자
1100자
1120자

두 줄 스피드 속독 트레이닝 [2단계] ⑧호

* 시점을 중심으로부터 훈련 기호를 최대한 많이 본 상태에서 화살표를 따라 안구를 좌·우로 이동하여 글을 읽듯이 최대한 빠르게 아래로 이동합니다.
* 종합훈련 시 ①호~⑩호까지 연속으로 이동하여(1분 단위로 측정) 글자 수를 기록합니다.

← 시·점 →

1140자
1160자
1180자
1200자
1220자
1240자
1260자
1280자

두 줄 스피드 속독 트레이닝 [2단계] ⑨호

* 시점을 중심으로부터 훈련 기호를 최대한 많이 본 상태에서 화살표를 따라 안구를 좌·우로 이동하여 글을 읽듯이 최대한 빠르게 아래로 이동합니다.
* 종합훈련 시 ①호~⑩호까지 연속으로 이동하여(1분 단위로 측정) 글자 수를 기록합니다.

← 시·점 →

나→나→나→나→나→나→나→나→나→나
나→나→나→나→나→나→나→나→나→나 1300자
나←나←나←나←나←나←나←나←나←나
나←나←나←나←나←나←나←나←나←나 1320자
나→나→나→나→나→나→나→나→나→나
나→나→나→나→나→나→나→나→나→나 1340자
나←나←나←나←나←나←나←나←나←나
나←나←나←나←나←나←나←나←나←나 1360자
나→나→나→나→나→나→나→나→나→나
나→나→나→나→나→나→나→나→나→나 1380자
나←나←나←나←나←나←나←나←나←나
나←나←나←나←나←나←나←나←나←나 1400자
나→나→나→나→나→나→나→나→나→나
나→나→나→나→나→나→나→나→나→나 1420자
나←나←나←나←나←나←나←나←나←나
나←나←나←나←나←나←나←나←나←나 1440자

두 줄 스피드 속독 트레이닝 [2단계] ⑩호

* 시점을 중심으로부터 훈련 기호를 최대한 많이 본 상태에서 화살표를 따라 안구를 좌·우로 이동하여 글을 읽듯이 최대한 빠르게 아래로 이동합니다.
* 종합훈련 시 ①호~⑩호까지 연속으로 이동하여(1분 단위로 측정) 글자 수를 기록합니다.

← 시·점 →

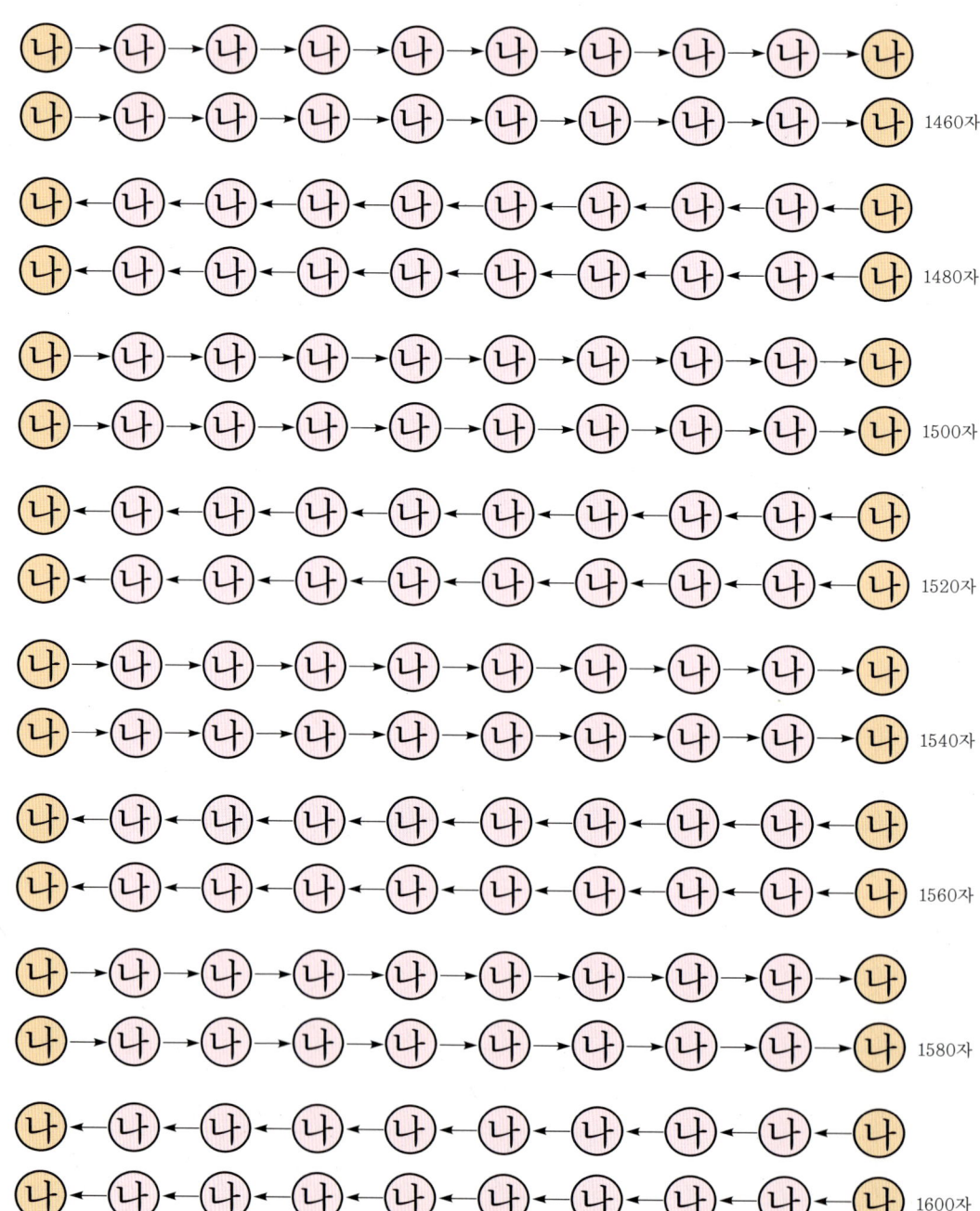

⑦호 ~ ⑩호까지 두 줄 훈련 기록표

* 실력 향상을 위하여 매회 소요시간을 꼭 기록하세요.

 초    초    초

 초    초    초

 초    초    초

* 훈련을 다 마치고 나면 지도 선생님이 □안에 글자에 색연필로 ○표시해 주세요.

아주 잘했습니다.   정말 잘했습니다.

잘했습니다.

매우 잘했습니다.   참 잘했습니다.

두 줄 연속 ①호~⑩호까지 스피드 속독 트레이닝 기록표

* 실력 향상을 위하여 매회 소요시간을 꼭 기록하세요.

1차 기록	1분간 글자 수 : 자
2차 기록	1분간 글자 수 : 자
3차 기록	1분간 글자 수 : 자
4차 기록	1분간 글자 수 : 자
5차 기록	1분간 글자 수 : 자
6차 기록	1분간 글자 수 : 자
7차 기록	1분간 글자 수 : 자
8차 기록	1분간 글자 수 : 자
9차 기록	1분간 글자 수 : 자
10차 기록	1분간 글자 수 : 자

♥ 처음 한 번은 동시를 지도 선생님이 읽어 주세요. ♥

아래 동시의 내용을 읽으면서
표시된 중심 낱말을 인지하세요.

[보름달]의 중심 낱말 찾기 훈련

밤하늘에 보름달님 춥지 않나요?

옷도 없이 환하게 웃고만 있네요.

뽀얀 얼굴 내밀며 미소 짓지만

깜깜한 밤하늘 무섭지 않나요?

별들의 마을 밝히는 동그란 천사는

무섭지 않아요, 누구 친구 없어요?

밤하늘에 별들은 모두 내 친구

별이 총총 모여 있어 외롭지 않아요.

보름달의 중심 낱말 찾기

* 앞의 동시를 읽고 연상되는 낱말을 10개를 모두 찾아 ○표하세요.

1차 낱말 5개 찾기 소요시간 : 초	2차 낱말 5개 찾기 소요시간 : 초
천사	외롭지
동생	미소
마을	밤하늘
네모	토끼
옷	별
춥지	처녀
달님	얼굴
친구	바지

4장 목차

- 3 선을 따라서 같은 요일 인지하기 훈련[1]
- 4 선을 따라서 같은 요일 인지하기 훈련[2]
- 5 선을 따라서 같은 요일 인지하기 훈련[3]
- 6 같은 요일 훈련 기록표
- 7 눈 체조[4]
- 8 눈 체조 훈련 기록표
- 9 집중력으로 두 글자 인지훈련 [2단계] ①호
- 10 집중력으로 두 글자 인지훈련 [2단계] ②호
- 11 집중력으로 두 글자 인지훈련 [2단계] ③호
- 12 ①호~③호까지 두 글자 훈련 기록표
- 13 집중력으로 두 글자 인지훈련 [2단계] ④호
- 14 집중력으로 두 글자 인지훈련 [2단계] ⑤호
- 15 집중력으로 두 글자 인지훈련 [2단계] ⑥호
- 16 ④호~⑥호까지 두 글자 훈련 기록표
- 17 집중력으로 두 글자 인지훈련 [2단계] ⑦호
- 18 집중력으로 두 글자 인지훈련 [2단계] ⑧호
- 19 집중력으로 두 글자 인지훈련 [2단계] ⑨호
- 20 집중력으로 두 글자 인지훈련 [2단계] ⑩호
- 21 ⑦호~⑩호까지 두 글자 훈련 기록표
- 22 두 글자 연속 ①~⑩호까지 스피드 인지훈련 기록표
- 23 실전속독 트레이닝 및 이해도 테스트[삼년 고개]
- 32 이해도 테스트

독서영재 두뇌 속독법 시리즈 정답표

정답 확인

p6 월 20개 화 19개 수 22개 목 23개 금 21개 토 23개 일 20개

p12 나비 6 사슴 8 고래 6 연필 5 기차 6 수박 8 돼지 6 참새 5 포도 7 거울 7
딸기 6

p16 나비 6 오이 10 사과 9 참새 6 배추 10 연필 4 모자 9 참외 9 딸기 4

p21 사슴 6 가지 13 배추 12 수박 7 오이 13 참외 12 돼지 7 모자 12 사과 13

p22 나비 20 사슴 21 고래 19 연필 18 기차 19 수박 21 돼지 20 참새 18 포도 20 거울 19
딸기 21

p32 삼년고개
1. ⑤ 2. ④ 3. ① 4. ② 5. ③

선을 따라서 같은 요일 인지하기 훈련

* 선에 걸쳐있는 같은 요일의 개수를 세어가며 훈련[1]~[3]까지 빠르게 이동하세요.

월　수　금　토　금　일　화

화　금　일　목　수　월　금

수　목　토　월　토　화

일　토　수　일　금　목

금　화　토　수　목　일　월

수　목　토　월　목　화　토

일　수　금　목　일　월　화

선을 따라서 같은 요일 인지하기 훈련

* 선에 걸쳐있는 같은 요일의 개수를 세어가며 훈련[1]~[3]까지 빠르게 이동하세요.

←시·점→

토 목 금 월 금 목 화

목 금 일 금 토 수 월 수

수 화 토 일 토 화

목 일 토 월 수 금 목

월 금 화 토 수 목 월 일

수 화 토 월 목 화 토

금 수 일 목 수 월 화

요일 인지하기 훈련

선을 따라서 같은 요일 인지하기 훈련

* 선에 걸쳐있는 같은 요일의 개수를 세어가며 훈련[1]~[3]까지 빠르게 이동하세요.

←시·점→

토 수 금 월 일 목 화

일 토 목 금 금 일 월 수

화 토 수 토 월 금 화

목 월 토 일 수 금 목

토 금 화 월 수 목 일 목

일 화 토 일 목 월 토

금 수 월 목 수 일 화

같은 요일 훈련 기록표

✳ 초시계로 매회 소요시간을 측정하여 기록하세요.

요일	1차 기록	2차 기록	3차 기록
월	요일개수 :　　　개 소요시간 :　　　초	요일개수 :　　　개 소요시간 :　　　초	요일개수 :　　　개 소요시간 :　　　초
화	요일개수 :　　　개 소요시간 :　　　초	요일개수 :　　　개 소요시간 :　　　초	요일개수 :　　　개 소요시간 :　　　초
수	요일개수 :　　　개 소요시간 :　　　초	요일개수 :　　　개 소요시간 :　　　초	요일개수 :　　　개 소요시간 :　　　초
목	요일개수 :　　　개 소요시간 :　　　초	요일개수 :　　　개 소요시간 :　　　초	요일개수 :　　　개 소요시간 :　　　초
금	요일개수 :　　　개 소요시간 :　　　초	요일개수 :　　　개 소요시간 :　　　초	요일개수 :　　　개 소요시간 :　　　초
토	요일개수 :　　　개 소요시간 :　　　초	요일개수 :　　　개 소요시간 :　　　초	요일개수 :　　　개 소요시간 :　　　초
일	요일개수 :　　　개 소요시간 :　　　초	요일개수 :　　　개 소요시간 :　　　초	요일개수 :　　　개 소요시간 :　　　초

4장-6　훈련 기록표

눈 체조 [4]

* 시점을 중심에 두고 화살표(→) 방향을 따라 ① ② ③ ④순으로 안구를 같은 방향으로 연속 이동하여 총 10회를 빠르게 반복 실시하세요.

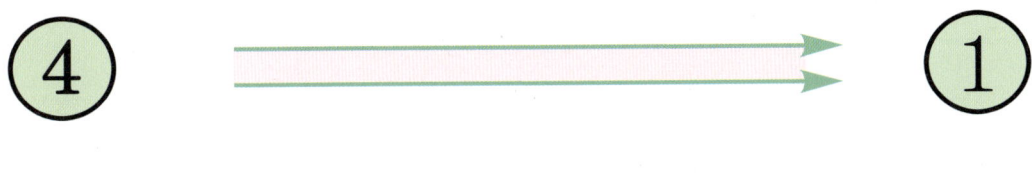

눈 체조 [4] 훈련 기록표

* 실력 향상을 위하여 매회 소요시간을 꼭 기록하세요.

1차	초	11차	초
2차	초	12차	초
3차	초	13차	초
4차	초	14차	초
5차	초	15차	초
6차	초	16차	초
7차	초	17차	초
8차	초	18차	초
9차	초	19차	초
10차	초	20차	초

집중력으로 두 글자 인지훈련 [2단계] ①호

* 시점을 중심에 두고 안구만을 움직여 Z자 형식으로 빠르게 인지합니다.
* 인지훈련 시 같은 낱말이 몇 개가 있는지 개수를 헤아리며 이동합니다.
* ①~③호까지 같은 글자의 개수가 맞는지 확인하고 소요시간을 기록하세요.

← 시·점 →

→ 나비 → 사슴 → 고래 → 연필 → 기차 → 수박 →

← 돼지 ← 참새 ← 포도 ← 거울 ← 딸기 ←

→ 연필 → 배추 → 수박 → 오이 → 나비 →

← 기차 ← 참외 ← 사과 ← 돼지 ←

→ 고래 → 땅콩 → 모자 → 안경 → 참새 →

← 포도 ← 가방 ← 배추 ← 사슴 ←

→ 거울 → 오이 → 사과 → 연필 → 참외 →

← 참새 ← 안경 ← 고래 ← 꽁치 ←

→ 수박 → 모자 → 땅콩 → 가지 → 거울 →

← 딸기 ← 참외 ← 나비 ← 사과 ←

→ 사슴 → 배추 → 오이 → 포도 → 모자 →

집중력으로 두 글자 인지훈련 [2단계] ②호

* 시점을 중심에 두고 안구만을 움직여 Z자 형식으로 빠르게 인지합니다.
* 인지훈련 시 같은 낱말이 몇 개가 있는지 개수를 헤아리며 이동합니다.
* ①~③호까지 같은 글자의 개수가 맞는지 확인하고 소요시간을 기록하세요.

← 시·점 →

→ 사과 → 딸기 → 땅콩 → 배추 → 수박 →

← 안경 ← 나비 ← 모자 ← 꽁치 ←

→ 포도 → 참외 → 오이 → 사슴 → 가지 →

← 연필 ← 가방 ← 배추 ← 사과 ←

→ 기차 → 땅콩 → 소라 → 고래 → 모자 →

← 꽁치 ← 수박 ← 참외 ← 거울 ←

→ 사슴 → 가지 → 안경 → 오이 → 참새 →

← 돼지 ← 사과 ← 가방 ← 딸기 ←

→ 거울 → 소라 → 모자 → 땅콩 → 기차 →

← 고래 ← 참외 ← 꽁치 ← 거울 ←

→ 배추 → 오이 → 포도 → 안경 → 사슴 →

집중력으로 두 글자 인지훈련 [2단계] ③호

* 시점을 중심에 두고 안구만을 움직여 Z자 형식으로 빠르게 인지합니다.
* 인지훈련 시 같은 낱말이 몇 개가 있는지 개수를 헤아리며 이동합니다.
* ①~③호까지 같은 글자의 개수가 맞는지 확인하고 소요시간을 기록하세요.

← 시·점 →

→ 장미 → 배추 → 고래 → 안경 → 돼지 →

← 수박 ← 가지 ← 딸기 ← 땅콩 ←

→ 기차 → 사과 → 모자 → 오이 → 거울 →

← 안경 ← 사슴 ← 가방 ← 배추 ←

→ 돼지 → 가지 → 참외 → 꽁치 → 포도 →

← 딸기 ← 장미 ← 연필 ← 사과 ←

→ 오이 → 나비 → 땅콩 → 모자 → 수박 →

← 배추 ← 국화 ← 기차 ← 안경 ←

→ 참새 → 가방 → 사과 → 가지 → 사슴 →

← 수박 ← 모자 ← 오이 ← 돼지 ←

→ 포도 → 참외 → 땅콩 → 배추 → 나비 →

①호 ~ ③호까지 **두 글자** 훈련 기록표

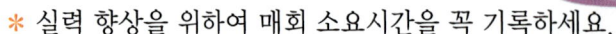

* 실력 향상을 위하여 매회 소요시간을 꼭 기록하세요.

 초    초    초

 초    초    초

 초    초    초

* 훈련을 다 마치고 나면 지도 선생님이 □안에 글자에 색연필로 ○표시해 주세요.

아주 잘했습니다.   정말 잘했습니다.

잘했습니다.

매우 잘했습니다.   참 잘했습니다.

집중력으로 두 글자 인지훈련 [2단계] ④호

* 시점을 중심에 두고 안구만을 움직여 Z자 형식으로 빠르게 인지합니다.
* 인지훈련 시 같은 낱말이 몇 개가 있는지 개수를 헤아리며 이동합니다.
* ④~⑥호까지 같은 글자의 개수가 맞는지 확인하고 소요시간을 기록하세요.

← 시·점 →

→ 나비 → 오이 → 사과 → 참새 → 배추 →

← 연필 ← 모자 ← 참외 ← 딸기 ←

→ 돼지 → 안경 → 배추 → 땅콩 → 고래 →

← 수박 ← 가방 ← 가지 ← 포도 ←

→ 거울 → 꽁치 → 나비 → 사과 → 장미 →

← 기차 ← 모자 ← 돼지 ← 오이 ←

→ 사슴 → 참외 → 소라 → 참새 → 안경 →

← 땅콩 ← 고래 ← 가방 ← 배추 ←

→ 돼지 → 사과 → 가지 → 수박 → 모자 →

← 오이 ← 연필 ← 참외 ← 거울 ←

→ 고래 → 배추 → 땅콩 → 사슴 → 안경 →

집중력으로 두 글자 인지훈련 [2단계] ⑤호

* 시점을 중심에 두고 안구만을 움직여 Z자 형식으로 빠르게 인지합니다.
* 인지훈련 시 같은 낱말이 몇 개가 있는지 개수를 헤아리며 이동합니다.
* ④~⑥호까지 같은 글자의 개수가 맞는지 확인하고 소요시간을 기록하세요.

← 시·점 →

→ 수박 → 모자 → 사슴 → 오이 → 거울 →

← 포도 ← 땅콩 ← 배추 ← 기차 ←

→ 참외 → 돼지 → 사과 → 모자 → 나비 →

← 고래 ← 가지 ← 소라 ← 거울 ←

→ 땅콩 → 사슴 → 오이 → 꽁치 → 포도 →

← 기차 ← 안경 ← 딸기 ← 가방 ←

→ 참새 → 배추 → 사과 → 참외 → 연필 →

← 수박 ← 가지 ← 꽁치 ← 고래 ←

→ 나비 → 모자 → 땅콩 → 기차 → 안경 →

← 거울 ← 사과 ← 배추 ← 돼지 ←

→ 포도 → 가방 → 오이 → 사슴 → 참외 →

집중력으로 두 글자 인지훈련 [2단계] ⑥호

* 시점을 중심에 두고 안구만을 움직여 Z자 형식으로 빠르게 인지합니다.
* 인지훈련 시 같은 낱말이 몇 개가 있는지 개수를 헤아리며 이동합니다.
* ④~⑥호까지 같은 글자의 개수가 맞는지 확인하고 소요시간을 기록하세요.

← 시·점 →

→ 연필 → 참외 → 오이 → 땅콩 → 기차 →

← 딸기 ← 가지 ← 나비 ← 가방 ←

→ 기차 → 모자 → 배추 → 참새 → 안경 →

← 사슴 ← 오이 ← 사과 ← 거울 ←

→ 가지 → 고래 → 땅콩 → 소라 → 포도 →

← 참새 ← 안경 ← 수박 ← 꽁치 ←

→ 돼지 → 배추 → 모자 → 사슴 → 참외 →

← 사과 ← 기차 ← 가방 ← 오이 ←

→ 수박 → 땅콩 → 참외 → 가지 → 참새 →

← 고래 ← 모자 ← 안경 ← 배추 ←

→ 딸기 → 오이 → 나비 → 사과 → 돼지 →

④호 ~ ⑥호까지 두 글자 훈련 기록표

＊ 실력 향상을 위하여 매회 소요시간을 꼭 기록하세요.

 초  초  초

 초  초  초

 초  초  초

＊ 훈련을 다 마치고 나면 지도 선생님이 □안에 글자에 색연필로 ○표시해 주세요.

아주 잘했습니다.   정말 잘했습니다.

잘했습니다.

매우 잘했습니다.   참 잘했습니다.

집중력으로 두 글자 인지훈련 [2단계] ⑦호

* 시점을 중심에 두고 안구만을 움직여 Z자 형식으로 빠르게 인지합니다.
* 인지훈련 시 같은 낱말이 몇 개가 있는지 개수를 헤아리며 이동합니다.
* ⑦~⑩호까지 같은 글자의 개수가 맞는지 확인하고 소요시간을 기록하세요.

→ 사슴 → 가지 → 배추 → 수박 → 오이 →

← 참외 ← 돼지 ← 모자 ← 사과 ←

→ 거울 → 가방 → 나비 → 안경 → 땅콩 →

← 고래 ← 가지 ← 꽁치 ← 기차 ←

→ 참새 → 사과 → 땅콩 → 연필 → 참외 →

← 수박 ← 오이 ← 배추 ← 딸기 ←

→ 포도 → 안경 → 모자 → 소라 → 나비 →

← 기차 ← 꽁치 ← 가지 ← 거울 ←

→ 돼지 → 참외 → 가방 → 고래 → 사과 →

← 사슴 ← 땅콩 ← 오이 ← 참새 ←

→ 연필 → 배추 → 포도 → 모자 → 수박 →

집중력으로 두 글자 인지훈련 [2단계] ⑧호

* 시점을 중심에 두고 안구만을 움직여 Z자 형식으로 빠르게 인지합니다.
* 인지훈련 시 같은 낱말이 몇 개가 있는지 개수를 헤아리며 이동합니다.
* ⑦~⑩호까지 같은 글자의 개수가 맞는지 확인하고 소요시간을 기록하세요.

← 시·점 →

→ 거울 → 안경 → 사과 → 나비 → 오이 →

← 참새 ← 모자 ← 참외 ← 딸기 ←

→ 기차 → 땅콩 → 배추 → 가지 → 고래 →

← 나비 ← 소라 ← 딸기 ← 가방 ←

→ 수박 → 오이 → 사과 → 연필 → 땅콩 →

← 모자 ← 기차 ← 꽁치 ← 안경 ←

→ 포도 → 참외 → 가방 → 사슴 → 오이 →

← 거울 ← 가지 ← 배추 ← 수박 ←

→ 참새 → 사과 → 고래 → 땅콩 → 돼지 →

← 배추 ← 모자 ← 안경 ← 나비 ←

→ 딸기 → 오이 → 참외 → 연필 → 가지 →

집중력으로 두 글자 인지훈련 [2단계] ⑨호

* 시점을 중심에 두고 안구만을 움직여 Z자 형식으로 빠르게 인지합니다.
* 인지훈련 시 같은 낱말이 몇 개가 있는지 개수를 헤아리며 이동합니다.
* ⑦~⑩호까지 같은 글자의 개수가 맞는지 확인하고 소요시간을 기록하세요.

← 시·점 →

→ 배추 → 가지 → 연필 → 모자 → 포도 →

← 사과 ← 돼지 ← 땅콩 ← 딸기 ←

→ 가방 → 나비 → 안경 → 장미 → 거울 →

← 오이 ← 참외 ← 고래 ← 꽁치 ←

→ 딸기 → 모자 → 사과 → 가지 → 사슴 →

← 포도 ← 꽁치 ← 연필 ← 소라 ←

→ 참새 → 땅콩 → 안경 → 오이 → 기차 →

← 딸기 ← 참외 ← 배추 ← 포도 ←

→ 사과 → 수박 → 가지 → 모자 → 가방 →

← 오이 ← 땅콩 ← 안경 ← 참새 ←

→ 참외 → 사슴 → 배추 → 사과 → 딸기 →

집중력으로 두 글자 인지훈련 [2단계] ⑩호

* 시점을 중심에 두고 안구만을 움직여 Z자 형식으로 빠르게 인지합니다.
* 인지훈련 시 같은 낱말이 몇 개가 있는지 개수를 헤아리며 이동합니다.
* ⑦~⑩호까지 같은 글자의 개수가 맞는지 확인하고 소요시간을 기록하세요.

← 시·점 →

→ 연필 → 사과 → 오이 → 포도 → 모자 →

← 딸기 ← 땅콩 ← 가지 ← 돼지 ←

→ 사슴 → 꽁치 → 안경 → 딸기 → 가방 →

← 배추 ← 참새 ← 참외 ← 국화 ←

→ 기차 → 가지 → 땅콩 → 사과 → 연필 →

← 모자 ← 나비 ← 오이 ← 소라 ←

→ 돼지 → 안경 → 배추 → 꽁치 → 거울 →

← 포도 ← 가방 ← 가지 ← 고래 ←

→ 오이 → 참외 → 딸기 → 사과 → 땅콩 →

← 나비 ← 배추 ← 안경 ← 돼지 ←

→ 연필 → 가지 → 모자 → 참외 → 수박 →

⑦호 ~ ⑩호까지 **두 글자** 훈련 기록표

* 실력 향상을 위하여 매회 소요시간을 꼭 기록하세요.

 1차 　　초
 2차 　　초
 3차 　　초

 4차 　　초
 5차 　　초
 6차 　　초

 7차 　　초
 8차 　　초
 9차 　　초

* 훈련을 다 마치고 나면 지도 선생님이 □안에 글자에 색연필로 ○표시해 주세요.

아주 잘했습니다.　　　　정말 잘했습니다.

잘했습니다.

매우 잘했습니다.　　　　참 잘했습니다.

두 글자 연속 ①호~⑩호까지 스피드 인지훈련 기록표

* 낱말의 개수 오차 + - 하나 차이는 합격으로 인정합니다.
* 실력 향상을 위하여 매회 소요시간을 꼭 기록하세요.

낱말	1차 기록	2차 기록	3차 기록
나비	분 초	분 초	분 초
사슴	분 초	분 초	분 초
고래	분 초	분 초	분 초
연필	분 초	분 초	분 초
기차	분 초	분 초	분 초
수박	분 초	분 초	분 초
돼지	분 초	분 초	분 초
참새	분 초	분 초	분 초
포도	분 초	분 초	분 초
거울	분 초	분 초	분 초
딸기	분 초	분 초	분 초

실전속독 트레이닝 및 이해도 테스트[2]

* 한 줄의 글자를 최대한 많이 본 상태에서 중심 낱말을 인지하며 빠르게 이어갑니다.
* 이해도 테스트는 1회만 하고 2회부터는 속독 향상을 위해 기록 단축훈련을 하세요.

삼년 고개 [첫째 마당]

옛날에 한 농부가 살았습니다. 12자

하루는 농부가 장에 갔다가 오자마자 한숨을 크게 쉬었습니다. 25자

"왜 그러세요?" 5자

"어찌해서 그렇게 큰 한숨을 쉬는 겁니까?" 16자

"낮에 장에서 안 좋은 일이 있었나요?" 14자

농부는 얼굴이 하얗게 질린 상태에서 말을 하기 시작했습니다. 25자

"여보, 사실 내가 장에서 오다가 그만 삼년고개에서 넘어지고 24자

말았소." 3자

"이 노릇을 어쩌면 좋소?" 9자

"나는 이제 삼 년밖에 살지 못하오!" 13자

"그게 무슨 말이에요?" + 8자

154자

"우리 마을에는 예로부터 전해 내려오는 전설이 있는데 누구든 삼년고개를 넘다가 넘어지면 삼 년밖에 살지 못한다 했소."
"큰 걱정이오."
"나는 이제 어찌하면 좋단 말이오!"
놀란 아내가 통곡하며 울었습니다.
농부와 아이들도 덩달아 울었습니다.
농부의 집은 순식간에 초상집처럼 울음바다가 되었습니다.
울음소리를 듣고 동네 사람들이 모였습니다.
"왜 그래, 누가 죽었나?"
"아니 저 집 아빠가 글쎄 삼년고개에서 넘어졌데요."
"아이고, 저런!"
"앞으로 삼 년밖에 살지 못한다고 저렇게 통곡을 한데요."
"어쩌면 좋아!"
"하필이면 삼년고개에서 넘어졌담! 술을 마신 것도 아닐 텐데"

* 실력 향상을 위하여 매회 소요시간을 꼭 기록하세요. [첫째 마당 글자 수 : 총 375자]

1차 기록 :   초   2차 기록 :   초   3차 기록 :   초

삼년 고개 [둘째 마당]

"술 마신 사람도 삼년고개를 피해서 다른 길로 돌아서 온다는 데······." 24자
1자

농부는 밭일을 포기하고 자리에 눕고 말았습니다. 20자

"삼 년밖에 살지 못하니 일을 하면 무엇해." 16자

"이러다가 석 달도 살지 못하겠다." 13자

식사도 제대로 않은 농부는 병이 나고 말았습니다. 20자

아내는 정성껏 약을 달여 농부에게 먹였지만, 농부는 일어나지 못하였습니다. 25자
6자

아내는 슬픈 마음으로 계속 '엉엉' 울었습니다. 18자

"아이고, 아이고" 6자

지나가는 20대의 젊은이가 울음소리에 멈추었습니다. 22자

"어찌하여 울고 계십니까?" 10자

"이 집에 초상이라도 났습니까?" 12자

"다름이 아니라 우리 집 양반이 12자
삼년고개에서 넘어졌어요." 11자

"앞으로 삼 년밖에 살지 9자
못하니 서러워 우는 겁니다." 11자

236자

젊은이는 그 소리를 듣고 그만 웃음이 터져 나오고 말았습니다. "으하하"

이웃집 아줌마가 젊은이의 웃음소리에 화를 내며 꾸짖었습니다. "남은 걱정되어 울고 있는데 위로는 못할망정 웃고 있다니 정말 몹쓸 사람이군!"

"아~ 죄송합니다, 죄송합니다."

"저도 모르게 웃음이 터져 나와서 그랬습니다."

"아주머니, 제 이야기 들으시면 웃음이 터져 나올 겁니다."

젊은이는 농부가 앓아누워 있는 방으로 성큼성큼 다가가 방안으로 들어갔습니다. 농부의 아내는 울음을 그치고 젊은이의 뒤를 따라 들어갔습니다.

"아저씨, 제 말 좀 들어 보시오."

* 실력 향상을 위하여 매회 소요시간을 꼭 기록하세요. [둘째 마당 글자 수 : 총 442자]

| 1차 기록 : 초 | 2차 기록 : 초 | 3차 기록 : 초 |

三年 고개 [셋째 마당]

"앞으로 아무 걱정 하지 않으셔도 됩니다."

"삼년고개에서 넘어져 병이 나셨다고요?"

"그래요, 이젠 나는 얼마 살지 못해요."

"아닙니다, 아저씨! 제 말을 잘 들으시고 제가 하라는 대로 하면 오래오래 사실 수 있습니다."

농부는 귀가 번쩍 띄었습니다.

"아니, 그게 정말이오?"

"젊은 양반, 어떻게 하면 되는지 빨리 좀 알려 주시오."

"네, 아주 간단합니다."

"다시 한 번 삼년고개에 가서 넘어지세요."

"예끼! 이 사람아!"

"또 넘어지면 삼 년도 못살고 그 자리에서 죽으란 말이냐!"

농부는 화가 나서 젊은이를 당장 나가라고 호통을 칩니다.

젊은이는 농부에게 조심스럽게 말을 합니다.

"삼년고개에서 한 번 넘어지면 삼 년밖에 못 사신다고 하셨지요?"

"그래"

"그러시면, 한 번 더 넘어지면 육 년을 사실 게 아닙니까?"

"세 번을 넘어지면 구 년이고요."

"네 번을 넘어지면 십 이년을 살 수 있게 되지요."

"열 번을 넘어진다면 삼십 년을 더 살 수 있고 만약 백 번을 넘어진다면 삼백 년을 살 수 있습니다."

* 실력 향상을 위하여 매회 소요시간을 꼭 기록하세요. [셋째 마당 글자 수 : 총 329자]

| 1차 기록 : 초 | 2차 기록 : 초 | 3차 기록 : 초 |

삼년 고개 [넷째 마당]

농부는 무르팍을 딱! 치며 "참, 그렇구나!"

농부는 자리에서 벌떡 일어나 젊은이의 손을 덥석 잡으며

"당장 삼년고개에서 넘어져야겠소."

농부는 언제 아팠느냐는 듯이 삼년고개로 달려갔습니다.

농부는 삼년고개의 위쪽에서 구르기 시작하였습니다.

한 번 구르고, 두 번 구르고,

"제가 구르는 횟수에 삼 년을 곱한 만큼 오래 살게 해 주십시오."

"아이고. 아파라."

농부는 구르고 또 구릅니다.

그때 근처 숲 속에서 응답의 소리가 들렸습니다.

"허허, 누구나 많이 구르면 오래오래 살 수 있지!"

"네, 고맙습니다."

농부는 계속하여 굴렀습니다.

숲 속에서 응답해준 사람은 젊은이였습니다.

농부는 삼년고개에서 마구 구르고 나서 싱글벙글하며 집으로 가고 있었습니다.

마을 사람들이 혼자 웃으며 지나가는 농부를 보고 수군거리기 시작합니다.

"삼년고개에서 넘어지더니 이제는 미쳤나 봐!"

"쯧쯧, 가엾기도 하여라."

이튿날이 되었습니다.

농부는 기분이 좋아 마을 사람들에게 잔치를 열기로 하였습니다.

음식을 차리고 마을 사람들을 초대했습니다.

그러나 마을 사람들은 삼 년 밖에 못사는 미친 사람이 차린 음식이라 한 명도 가지 않았습니다.

젊은이만 농부 집에서 맛있는 음식을 혼자 먹고 있었습니다. 24자

마을 사람들은 농부네 집 담 너머로 그 광경을 지켜보기만 합 24자
니다. 2자

젊은이가 음식을 먹다가 자리에서 일어나 외쳤습니다. 22자

"동네 여러분! 어르신은 삼 년밖에 못사는 것이 아니라 백 살 23자
이상도 살 수 있게 되었습니다." 12자

"어서들 오셔서 맛있는 음식을 같이 드시며 축하해 주세요." 23자

그러나 마을 사람들은 젊은이의 말이 믿기지 않아 각자 집으로 25자
돌아갔습니다. 6자

그렇게 삼 년이 지났습니다. 11자

농부는 어떻게 되었을까요? 11자

농부는 죽지 않았습니다. 10자

농부는 오래오래 살았답니다. -끝- 12자

+
205자

삼년 고개 [전체 글자 수 : 1,751자]

---

* 실력 향상을 위하여 매회 소요시간을 꼭 기록하세요. [넷째 마당 글자 수 : 총 605자]

| 1차 기록 : 초 | 2차 기록 : 초 | 3차 기록 : 초 |

삼년 고개 이해도 테스트

* 아래 5문제 중 3문제 이상 맞추어야 합니다.
* 틀린 문제가 있으면 다음 시간에 다시 읽고 정답을 확인하세요.
* 정답 확인은 한 번만 확인하고 2회부터 독서를 위한 속독훈련만 하세요.

1. 삼년고개의 전설은 넘어지면 몇 년밖에 못산다고 했나요?[   ]
   ① 1년　　　② 2년　　　③ 3년　　　④ 4년

2. 농부는 누구의 말을 듣고 병이 나았나요?[   ]
   ① 노인　　　② 젊은이　　　③ 어린이　　　④ 동네사람

3. 삼년고개에서 열 번을 넘어지면 몇 년을 더 산다고 했나요?[   ]
   ① 30년　　　② 6년　　　③ 3년　　　④ 9년

4. 숲 속에서 응답한 사람은 누구일까요?[   ]
   ① 동네사람　　② 아내　　③ 노인　　④ 젊은이

5. 3년이 지나서 농부는 어떻게 되었나요?[   ]
   ① 입원했다.　　　　　② 죽었다.
   ③ 오래오래 살았다.　　④ 마을에서 쫓겨났다.

속독향상을 위한 실전훈련 기록표

*실력 향상을 위하여 [첫째 마당]~[넷째 마당]까지 연속하여 매회 소요시간을 꼭 기록하세요.

1차 소요시간	2차 소요시간	3차 소요시간
분　　초	분　　초	분　　초

5장 목차

- 3 기호인지 기본 시야 확대훈련
- 4 기호인지 기본 시야 확대훈련 기록표
- 5 실전속독을 위한 기본 안구의 Z흐름 이동훈련[1]
- 6 실전속독을 위한 기본 안구의 Z흐름 이동훈련[2]
- 7 기본 안구의 흐름 Z 이동운동 훈련 기록표
- 8 삼각구도 글자인지 시야 확대 훈련[1]
- 9 삼각구도 글자인지 시야 확대 훈련[2]
- 10 두뇌개발을 위한 뇌 체조 색 인지 훈련[1]
- 11 두뇌개발을 위한 뇌 체조 색 인지 훈련[2]
- 12 두뇌개발을 위한 뇌 체조 색 인지 훈련[3]
- 13 눈 체조[5]
- 14 눈 체조 훈련 기록표
- 15 독서력 향상을 위한 안구흐름 세 글자 인지훈련[1]~[2]
- 17 세 줄 스피드 속독 트레이닝 [3단계] ①호~③호
- 20 ①호~③호까지 세 줄 훈련 기록표
- 21 세 줄 스피드 속독 트레이닝 [3단계] ④호~⑥호
- 24 ④호~⑥호까지 세 줄 훈련 기록표
- 25 세 줄 스피드 속독 트레이닝 [3단계] ⑦호~⑩호
- 29 ⑦호~⑩호호까지 세 글자 훈련 기록표
- 30 세 줄 연속 ①호~⑩호까지 스피드 속독 트레이닝 기록표
- 31 [김밥]의 중심 낱말 찾기 훈련
- 32 김밥의 중심 낱말 찾기

기호인지 기본 시야 확대 훈련

* 훈련 시 머리는 고정한 상태에서 좌·우에 기호만을 빠르게 인지하세요.
* 여러 개의 도형 기호도 한 개 보는 속도로 한 번에 인지하세요.

← 시·점 →

기호인지 기본 시야확대 훈련 기록표

* 실력 향상을 위하여 매회 소요시간을 꼭 기록하세요.

1차	초	11차	초
2차	초	12차	초
3차	초	13차	초
4차	초	14차	초
5차	초	15차	초
6차	초	16차	초
7차	초	17차	초
8차	초	18차	초
9차	초	19차	초
10차	초	20차	초

실전속독을 위한 기본 안구의 흐름 이동훈련

* 훈련 시 머리는 고정한 상태에서 선을 따라서 빠르게 아래로 이동합니다.
* 시점을 중심에 두고 앞·뒤 두 쪽을 빠르게 1회씩 훈련합니다.

←시·점→

출발

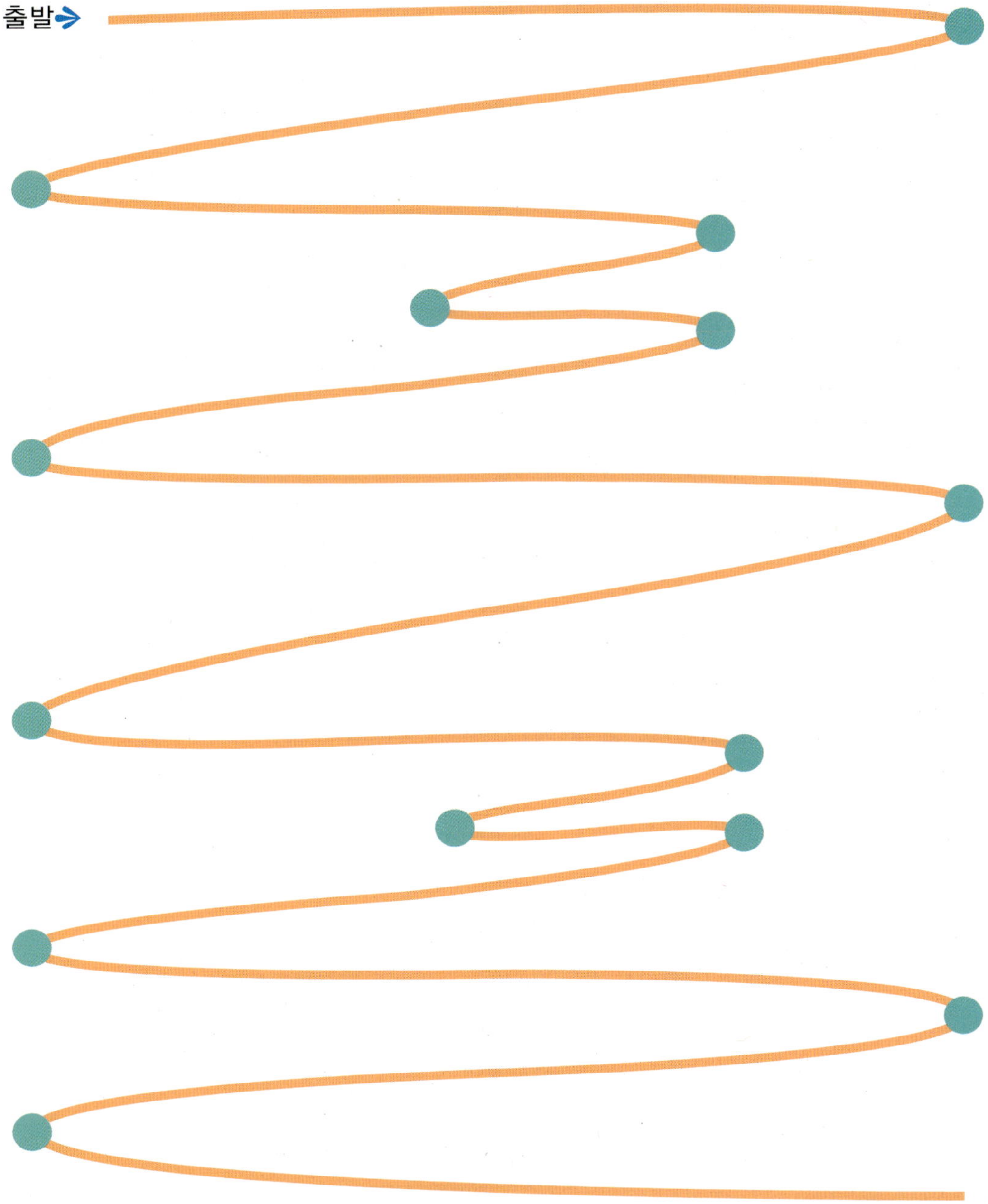

실전속독을 위한 기본 안구의 흐름 이동훈련 ②

＊ 훈련 시 머리는 고정한 상태에서 선을 따라서 빠르게 아래로 이동합니다.
＊ 시점을 중심에 두고 앞·뒤 두 쪽을 빠르게 1회씩 훈련합니다.

←시·점→

연결➡

기본 안구의 흐름 ≶ 이동운동 훈련 기록표

* 실력 향상을 위하여 매회 소요시간을 꼭 기록하세요.

1차 _____ 초	11차 _____ 초
2차 _____ 초	12차 _____ 초
3차 _____ 초	13차 _____ 초
4차 _____ 초	14차 _____ 초
5차 _____ 초	15차 _____ 초
6차 _____ 초	16차 _____ 초
7차 _____ 초	17차 _____ 초
8차 _____ 초	18차 _____ 초
9차 _____ 초	19차 _____ 초
10차 _____ 초	20차 _____ 초

삼각구도 글자인지 시야 확대 훈련[1]

* 한 글자 보는 속도로 열 글자까지 한눈에 보는 순간 인지하기

← 시·점 →

1 ──────── 배 ──────── 1
2 ──────── 사 과 ──────── 2
3 ──────── 무 궁 화 ──────── 3
4 ──────── 물 레 방 아 ──────── 4
5 ──────── 해 바 라 기 꽃 ──────── 5
6 ──────── 어 머 니 아 버 지 ──────── 6
7 ──────── 할 머 니 할 아 버 지 ──────── 7
8 ──────── 대 한 민 국 우 리 나 라 ──────── 8
9 ──────── 호 랑 나 비 고 추 잠 자 리 ──────── 9
10 ──── 노 란 개 나 리 빨 간 장 미 꽃 ──── 10

* 초시계로 소요시간을 측정하여 기록하세요.

1차 소요시간	2차 소요시간	3차 소요시간	4차 소요시간	5차 소요시간
초	초	초	초	초

시야 확대 훈련

삼각구도 글자인지 시야 확대 훈련 [2]

* 한 글자 보는 속도로 열 글자까지 한눈에 보는 순간 인지하기

← 시·점 →

1	귤	1
2	수 박	2
3	나 팔 꽃	3
4	고 슴 도 치	4
5	코 스 모 스 길	5
6	운 동 화 고 무 신	6
7	시 냇 물 청 개 구 리	7
8	푸 른 하 늘 고 무 풍 선	8
9	일 요 일 아 침 놀 이 공 원	9
8	우 리 학 교 미 끄 럼 틀	8
7	색 연 필 크 레 파 스	7
6	소 낙 비 무 지 개	6
5	자 전 거 타 기	5
4	청 개 구 리	4
3	옥 수 수	3
2	딸 기	2
1	감	1

* 초시계로 소요시간을 측정하여 기록하세요.

1차 소요시간	2차 소요시간	3차 소요시간	4차 소요시간	5차 소요시간
초	초	초	초	초

두뇌개발을 위한 뇌 체조 색 인지 훈련[1]

* 아래 □안의 색과 글자의 색을 소리 내어 읽어 보세요.

	녹색	파랑		
검정				빨강
	빨강		녹색	
	노랑			검정
파랑			노랑	
노랑		빨강		파랑
	녹색			
	검정		빨강	

* 초시계로 소요시간을 측정하여 기록하세요.

1차 소요시간	2차 소요시간	3차 소요시간	4차 소요시간	5차 소요시간
초	초	초	초	초

색 인지 훈련

두뇌개발을 위한 뇌 체조 색 인지 훈련[2]

* 다음 그림 아래 글자의 색을 소리 내어 읽어 보세요.

노란낙타   빨간고추   파란모자   노란만두   검정풍선

파란모자   노란낙타   검정풍선   빨간고추   노란만두

검정풍선   노란만두   빨간고추   노란낙타   파란모자

노란만두   파란모자   노란낙타   검정풍선   빨간고추

* 초시계로 소요시간을 측정하여 기록하세요.

1차 소요시간	2차 소요시간	3차 소요시간	4차 소요시간	5차 소요시간
초	초	초	초	초

두뇌개발을 위한 뇌 체조 색 인지 훈련 [3]

* 아래 글자를 보고 그 글자의 색을 소리 내어 읽어 보세요.
* 예 : [노랑] 이 글자는 빨강으로 읽으면 됩니다.

검정	초록	빨강	파랑	노랑
초록	검정	파랑	노랑	빨강
빨강	노랑	초록	파랑	검정
파랑	빨강	노랑	검정	초록
노랑	파랑	검정	초록	빨강
노랑	초록	빨강	파랑	검정
초록	노랑	빨강	검정	파랑
검정	파랑	초록	노랑	빨강
파랑	초록	검정	빨강	노랑

* 초시계로 소요시간을 측정하여 기록하세요.

1차 소요시간	2차 소요시간	3차 소요시간	4차 소요시간	5차 소요시간
초	초	초	초	초

눈 체조 [5]

✱ 시점을 중심에 두고 화살표(→) 방향을 따라 상·하 대각선으로 총 10회를 빠르게 반복 이동하세요.

← 시·점 →

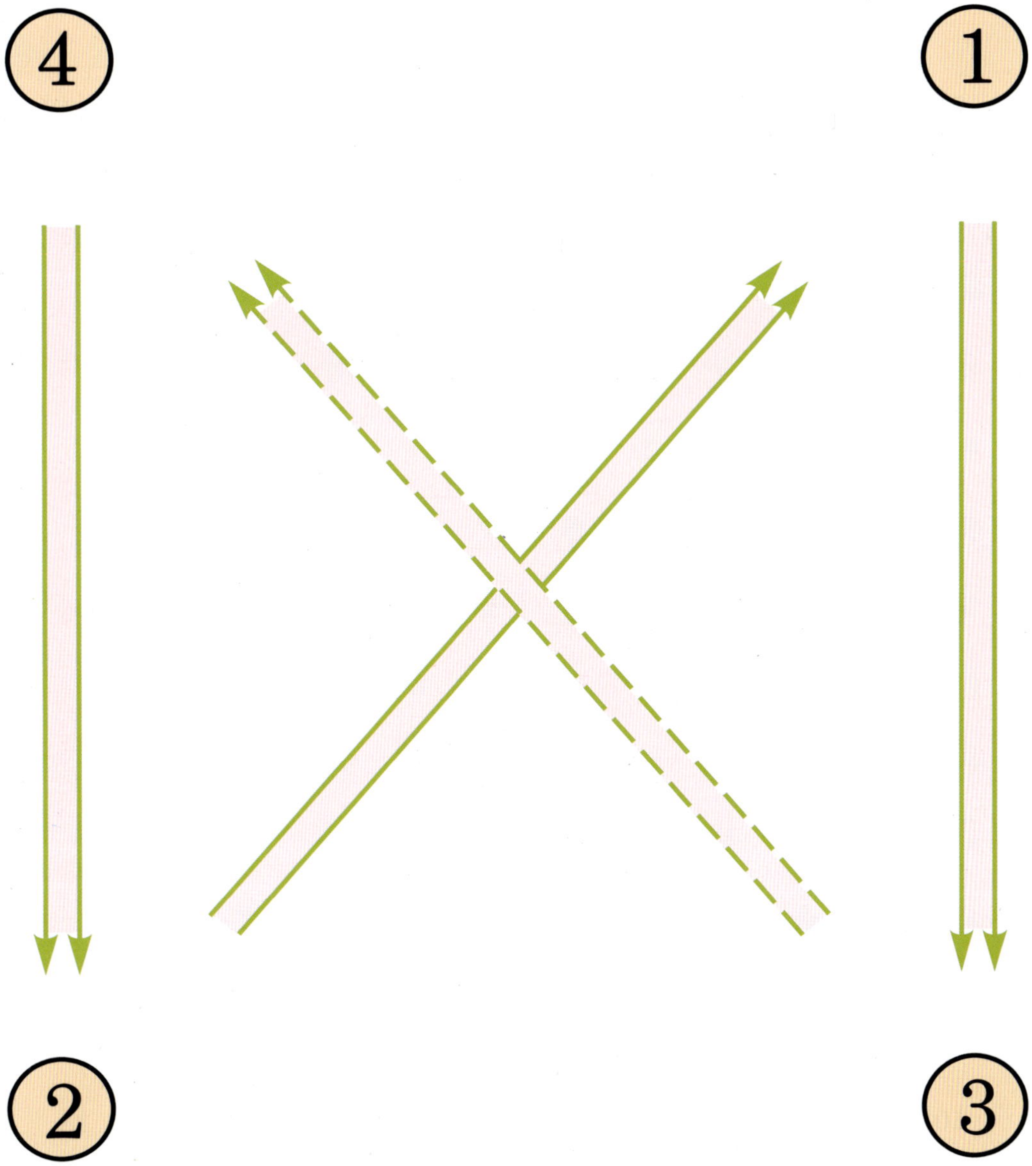

④   ①

②   ③

눈 체조 [5] 훈련 기록표

* 실력 향상을 위하여 매회 소요시간을 꼭 기록하세요.

1차	초	11차	초
2차	초	12차	초
3차	초	13차	초
4차	초	14차	초
5차	초	15차	초
6차	초	16차	초
7차	초	17차	초
8차	초	18차	초
9차	초	19차	초
10차	초	20차	초

독서력 향상을 위한 안구흐름 세 글자 인지훈련 [1]

* 좌측의 금붕어 한 글자 낱말을 인지하고 나서 그 줄에 같은 글자를 찾으세요.
* 다시 우측의 개구리 낱말을 인지하고 나서 그 줄에 같은 글자를 찾으면 됩니다.

← 시·점 →

금붕어 → 개구리 독수리 오징어 다람쥐 금붕어 갈매기 호랑이

갈매기 금붕어 독수리 호랑이 개구리 오징어 다람쥐 ← 개구리

다람쥐 → 독수리 호랑이 개구리 오징어 갈매기 다람쥐 금붕어

다람쥐 금붕어 호랑이 개구리 오징어 갈매기 독수리 ← 호랑이

독수리 → 개구리 오징어 갈매기 호랑이 다람쥐 금붕어 독수리

오징어 갈매기 개구리 다람쥐 금붕어 독수리 호랑이 ← 갈매기

오징어 → 갈매기 개구리 독수리 호랑이 다람쥐 금붕어 오징어

독수리 호랑이 오징어 금붕어 갈매기 다람쥐 개구리 ← 금붕어

개구리 → 독수리 갈매기 개구리 오징어 금붕어 호랑이 다람쥐

호랑이 다람쥐 오징어 갈매기 독수리 금붕어 개구리 ← 다람쥐

호랑이 → 오징어 독수리 다람쥐 호랑이 개구리 금붕어 갈매기

* 초시계로 소요시간을 측정하여 기록하세요.

1차 소요시간	2차 소요시간	3차 소요시간	4차 소요시간	5차 소요시간
초	초	초	초	초

독서력 향상을 위한 안구흐름 세 글자 인지훈련 [2]

* 좌측의 호랑이 한 글자 낱말을 인지하고 나서 그 줄에 같은 글자를 찾으세요.
* 다시 우측의 오징어 낱말을 인지하고 나서 그 줄에 같은 글자를 찾으면 됩니다.

← 시·점 →

호랑이 → 개구리 독수리 오징어 다람쥐 금붕어 갈매기 호랑이

갈매기 금붕어 오징어 독수리 호랑이 개구리 다람쥐 ← 오징어

다람쥐 → 독수리 호랑이 개구리 오징어 갈매기 다람쥐 금붕어

다람쥐 금붕어 개구리 오징어 갈매기 독수리 호랑이 ← 개구리

독수리 → 개구리 오징어 갈매기 호랑이 다람쥐 금붕어 독수리

오징어 갈매기 개구리 다람쥐 금붕어 독수리 호랑이 ← 금붕어

개구리 → 갈매기 독수리 호랑이 다람쥐 개구리 금붕어 오징어

독수리 호랑이 오징어 갈매기 다람쥐 금붕어 개구리 ← 호랑이

갈매기 → 독수리 개구리 오징어 금붕어 갈매기 호랑이 다람쥐

호랑이 다람쥐 오징어 갈매기 독수리 금붕어 개구리 ← 다람쥐

금붕어 → 오징어 독수리 호랑이 다람쥐 개구리 금붕어 갈매기

* 초시계로 소요시간을 측정하여 기록하세요.

1차 소요시간	2차 소요시간	3차 소요시간	4차 소요시간	5차 소요시간
초	초	초	초	초

세 줄 스피드 속독 트레이닝 [3단계] ①호

* 시점을 중심으로부터 훈련 기호를 최대한 많이 본 상태에서 화살표를 따라 안구를 좌·우로 이동하여 글을 읽듯이 최대한 빠르게 아래로 이동합니다.
* 종합훈련 시 ①호~⑩호까지 연속으로 이동하여(1분 단위로 측정) 글자 수를 기록합니다.

← 시·점 →

세 줄 스피드 속독 트레이닝 [3단계] ②호

* 시점을 중심으로부터 훈련 기호를 최대한 많이 본 상태에서 화살표를 따라 안구를 좌·우로 이동하여 글을 읽듯이 최대한 빠르게 아래로 이동합니다.
* 종합훈련 시 ①호~⑩호까지 연속으로 이동하여(1분 단위로 측정) 글자 수를 기록합니다.

← 시·점 →

180자

210자

240자

270자

300자

세 줄 스피드 속독 트레이닝 [3단계] ③호

* 시점을 중심으로부터 훈련 기호를 최대한 많이 본 상태에서 화살표를 따라 안구를 좌·우로 이동하여 글을 읽듯이 최대한 빠르게 아래로 이동합니다.
* 종합훈련 시 ①호~⑩호까지 연속으로 이동하여(1분 단위로 측정) 글자 수를 기록합니다.

← 시·점 →

330자

360자

390자

420자

450자

①호 ~ ③호까지 세 줄 훈련 기록표

* 실력 향상을 위하여 매회 소요시간을 꼭 기록하세요.

* 훈련을 다 마치고 나면 지도 선생님이 □안에 글자에 색연필로 ○표시해 주세요.

아주 잘했습니다.   정말 잘했습니다.

잘했습니다.

매우 잘했습니다.   참 잘했습니다.

세 줄 스피드 속독 트레이닝 [3단계] ④호

* 시점을 중심으로부터 훈련 기호를 최대한 많이 본 상태에서 화살표를 따라 안구를 좌·우로 이동하여 글을 읽듯이 최대한 빠르게 아래로 이동합니다.
* 종합훈련 시 ①호~⑩호까지 연속으로 이동하여(1분 단위로 측정) 글자 수를 기록합니다.

← 시·점 →

다 → 다 → 다 → 다 → 다 → 다 → 다 → 다 → 다 → 다
다 → 다 → 다 → 다 → 다 → 다 → 다 → 다 → 다 → 다
다 → 다 → 다 → 다 → 다 → 다 → 다 → 다 → 다 → 다 480자

다 ← 다 ← 다 ← 다 ← 다 ← 다 ← 다 ← 다 ← 다 ← 다
다 ← 다 ← 다 ← 다 ← 다 ← 다 ← 다 ← 다 ← 다 ← 다
다 ← 다 ← 다 ← 다 ← 다 ← 다 ← 다 ← 다 ← 다 ← 다 510자

다 → 다 → 다 → 다 → 다 → 다 → 다 → 다 → 다 → 다
다 → 다 → 다 → 다 → 다 → 다 → 다 → 다 → 다 → 다
다 → 다 → 다 → 다 → 다 → 다 → 다 → 다 → 다 → 다 540자

다 ← 다 ← 다 ← 다 ← 다 ← 다 ← 다 ← 다 ← 다 ← 다
다 ← 다 ← 다 ← 다 ← 다 ← 다 ← 다 ← 다 ← 다 ← 다
다 ← 다 ← 다 ← 다 ← 다 ← 다 ← 다 ← 다 ← 다 ← 다 570자

다 → 다 → 다 → 다 → 다 → 다 → 다 → 다 → 다 → 다
다 → 다 → 다 → 다 → 다 → 다 → 다 → 다 → 다 → 다
다 → 다 → 다 → 다 → 다 → 다 → 다 → 다 → 다 → 다 600자

세 줄 스피드 속독 트레이닝 [3단계] ⑤호

* 시점을 중심으로부터 훈련 기호를 최대한 많이 본 상태에서 화살표를 따라 안구를 좌·우로 이동하여 글을 읽듯이 최대한 빠르게 아래로 이동합니다.
* 종합훈련 시 ①호~⑩호까지 연속으로 이동하여(1분 단위로 측정) 글자 수를 기록합니다.

← 시·점 →

630자

660자

690자

720자

750자

세 줄 스피드 속독 트레이닝 [3단계] ⑥호

* 시점을 중심으로부터 훈련 기호를 최대한 많이 본 상태에서 화살표를 따라 안구를 좌·우로 이동하여 글을 읽듯이 최대한 빠르게 아래로 이동합니다.
* 종합훈련 시 ①호~⑩호까지 연속으로 이동하여(1분 단위로 측정) 글자 수를 기록합니다.

← 시·점 →

780자

810자

840자

870자

900자

④호 ~ ⑥호까지 세 줄 훈련 기록표

* 실력 향상을 위하여 매회 소요시간을 꼭 기록하세요.

* 훈련을 다 마치고 나면 지도 선생님이 □안에 글자에 색연필로 ○표시해 주세요.

아주 잘했습니다.   정말 잘했습니다.

잘했습니다.

매우 잘했습니다.   참 잘했습니다.

세 줄 스피드 속독 트레이닝 [3단계] ⑦호

* 시점을 중심으로부터 훈련 기호를 최대한 많이 본 상태에서 화살표를 따라 안구를 좌·우로 이동하여 글을 읽듯이 최대한 빠르게 아래로 이동합니다.
* 종합훈련 시 ①호~⑩호까지 연속으로 이동하여(1분 단위로 측정) 글자 수를 기록합니다.

← 시·점 →

930자

960자

990자

1020자

1050자

세 줄 스피드 속독 트레이닝 [3단계] ⑧호

* 시점을 중심으로부터 훈련 기호를 최대한 많이 본 상태에서 화살표를 따라 안구를 좌·우로 이동하여 글을 읽듯이 최대한 빠르게 아래로 이동합니다.
* 종합훈련 시 ①호~⑩호까지 연속으로 이동하여(1분 단위로 측정) 글자 수를 기록합니다.

← 시·점 →

다→다→다→다→다→다→다→다→다→다
다→다→다→다→다→다→다→다→다→다
다→다→다→다→다→다→다→다→다→다 1080자

다←다←다←다←다←다←다←다←다←다
다←다←다←다←다←다←다←다←다←다
다←다←다←다←다←다←다←다←다←다 1110자

다→다→다→다→다→다→다→다→다→다
다→다→다→다→다→다→다→다→다→다
다→다→다→다→다→다→다→다→다→다 1140자

다←다←다←다←다←다←다←다←다←다
다←다←다←다←다←다←다←다←다←다
다←다←다←다←다←다←다←다←다←다 1170자

다→다→다→다→다→다→다→다→다→다
다→다→다→다→다→다→다→다→다→다
다→다→다→다→다→다→다→다→다→다 1200자

세 줄 스피드 속독 트레이닝 [3단계] ⑨호

* 시점을 중심으로부터 훈련 기호를 최대한 많이 본 상태에서 화살표를 따라 안구를 좌·우로 이동하여 글을 읽듯이 최대한 빠르게 아래로 이동합니다.
* 종합훈련 시 ①호~⑩호까지 연속으로 이동하여(1분 단위로 측정) 글자 수를 기록합니다.

← 시·점 →

1230자
1260자
1290자
1320자
1350자

세 줄 스피드 속독 트레이닝 [3단계] ⑩호

* 시점을 중심으로부터 훈련 기호를 최대한 많이 본 상태에서 화살표를 따라 안구를 좌·우로 이동하여 글을 읽듯이 최대한 빠르게 아래로 이동합니다.
* 종합훈련 시 ①호~⑩호까지 연속으로 이동하여(1분 단위로 측정) 글자 수를 기록합니다.

← 시·점 →

1380자

1410자

1440자

1470자

1500자

⑦호 ~ ⑩호까지 세 줄 훈련 기록표

∗ 실력 향상을 위하여 매회 소요시간을 꼭 기록하세요.

∗ 훈련을 다 마치고 나면 지도 선생님이 □안에 글자에 색연필로 ○표시해 주세요.

아주 잘했습니다.   정말 잘했습니다.

잘했습니다.

매우 잘했습니다.   참 잘했습니다.

세 줄 연속 ①호~⑩호까지 스피드 속독 트레이닝 기록표

* 실력 향상을 위하여 매회 소요시간을 꼭 기록하세요.

1차 기록	1분간 글자 수 : 자
2차 기록	1분간 글자 수 : 자
3차 기록	1분간 글자 수 : 자
4차 기록	1분간 글자 수 : 자
5차 기록	1분간 글자 수 : 자
6차 기록	1분간 글자 수 : 자
7차 기록	1분간 글자 수 : 자
8차 기록	1분간 글자 수 : 자
9차 기록	1분간 글자 수 : 자
10차 기록	1분간 글자 수 : 자

세 줄 속독 트레이닝 기록표

♥ 처음 한 번은 동시를 지도 선생님이 읽어 주세요. ♥

아래 동시의 내용을 읽으면서
표시된 중심 낱말을 인지하세요.

[김밥]의 중심 낱말 찾기 훈련

까만 멍석 위에 하얀 밥알들이 옹기종기 모여 있네.

파란 시금치 줄지어 늘어졌고

빨간 맛살이 수줍어 누우면

노란 단무지 살짝 위로 올려지네.

앗! 좁아~ 소시지 끼어들면

나도! 끼워줘! 계란이 들어왔어요.

준비시작! 엄마가 돌돌 멍석을 말면

나는 옆에서 기분이 으쓱

한 쪽 잘라 내 입에 쏙 넣으면

어깨를 들썩이며 오물오물

맛나게 먹어요.

김밥의 중심 낱말 찾기

* 앞의 동시를 읽고 연상되는 낱말을 10개를 모두 찾아 ○표하세요.

1차 낱말 5개 찾기 소요시간 : 초	2차 낱말 5개 찾기 소요시간 : 초
내 입	배추
엄마	단무지
사탕	소시지
꿀	계란
시금치	무
맛살	밥알
어깨	물고기
오이	옆에서

5장-32 중심 낱말 찾기

6장 목차

- 3 선을 따라서 같은 동물 인지하기 훈련[1]
- 4 선을 따라서 같은 동물 인지하기 훈련[2]
- 5 선을 따라서 같은 동물 인지하기 훈련[3]
- 6 같은 동물 훈련 기록표
- 7 눈 체조[6]
- 8 눈 체조 훈련 기록표
- 9 집중력으로 세 글자 인지훈련 [3단계] ①호
- 10 집중력으로 세 글자 인지훈련 [3단계] ②호
- 11 집중력으로 세 글자 인지훈련 [3단계] ③호
- 12 ①호~③호까지 세 글자 훈련 기록표
- 13 집중력으로 세 글자 인지훈련 [3단계] ④호
- 14 집중력으로 세 글자 인지훈련 [3단계] ⑤호
- 15 집중력으로 세 글자 인지훈련 [3단계] ⑥호
- 16 ④호~⑥호까지 세 글자 훈련 기록표
- 17 집중력으로 세 글자 인지훈련 [3단계] ⑦호
- 18 집중력으로 세 글자 인지훈련 [3단계] ⑧호
- 19 집중력으로 세 글자 인지훈련 [3단계] ⑨호
- 20 집중력으로 세 글자 인지훈련 [3단계] ⑩호
- 21 ⑦호~⑩호까지 세 글자 훈련 기록표
- 22 세 글자 연속 ①~⑩호까지 스피드 인지훈련 기록표
- 23 실전속독 트레이닝 및 이해도 테스트[선녀 바위]
- 32 이해도 테스트

독서영재 두뇌 속독법 시리즈 정답표

정답 확인

p6
사자 25마리 / 낙타 21마리 / 원숭이 26마리 / 곰 23마리 / 코끼리 24마리
호랑이 24마리

p12
무지개 6 / 속독법 6 / 달팽이 6 / 세착기 8 / 기러기 6
진달래 7 / 과수원 7 / 옹달샘 7 / 독수리 6

p16
무지개 7 / 얼룩말 10 / 금붕어 9 / 과수원 5 / 앵무새 8
기러기 6 / 들국화 10

p21
속독법 8 / 자전거 12 / 들국화 12 / 무지개 8 / 금붕어 13
앵무새 13 / 기러기 7

p22
무지개 21 / 속독법 20 / 달팽이 20 / 세착기 18 / 기러기 19
진달래 21 / 과수원 20 / 옹달샘 18 / 독수리 19

p32
선녀바위
1.④ 2.⑤ 3.④ 4.① 5.③ 2.② 3.③ 4.①

선을 따라서 같은 동물 인지하기 훈련

* 선에 걸쳐있는 같은 동물의 개수를 세어가며 훈련[1]~[3]까지 빠르게 이동 하세요.

←시·점→

163

동물 인지하기 훈련

6장-3

선을 따라서 같은 동물 인지하기 훈련

* 선에 걸쳐있는 같은 동물의 개수를 세어가며 훈련[1]~[3]까지 빠르게 이동하세요.

←시·점→

선을 따라서 같은 동물 인지하기 훈련

* 선에 걸쳐있는 같은 동물의 개수를 세어가며 훈련[1]~[3]까지 빠르게 이동하세요.

←시·점→

같은 동물 훈련 기록표

* 초시계로 매회 소요시간을 측정하여 기록하세요.

동물	1차	2차	3차
사자	동물개수 : 개 소요시간 : 초	동물개수 : 개 소요시간 : 초	동물개수 : 개 소요시간 : 초
낙타	동물개수 : 개 소요시간 : 초	동물개수 : 개 소요시간 : 초	동물개수 : 개 소요시간 : 초
원숭이	동물개수 : 개 소요시간 : 초	동물개수 : 개 소요시간 : 초	동물개수 : 개 소요시간 : 초
곰	동물개수 : 개 소요시간 : 초	동물개수 : 개 소요시간 : 초	동물개수 : 개 소요시간 : 초
코끼리	동물개수 : 개 소요시간 : 초	동물개수 : 개 소요시간 : 초	동물개수 : 개 소요시간 : 초
호랑이	동물개수 : 개 소요시간 : 초	동물개수 : 개 소요시간 : 초	동물개수 : 개 소요시간 : 초

눈 체조 [6]

* 시점을 중심에 두고 화살표(→) 방향을 따라 ① ② ③ ④순으로 안구를 같은 방향으로 연속 이동하여 총 10회를 빠르게 반복 실시하세요.

← 시·점 →

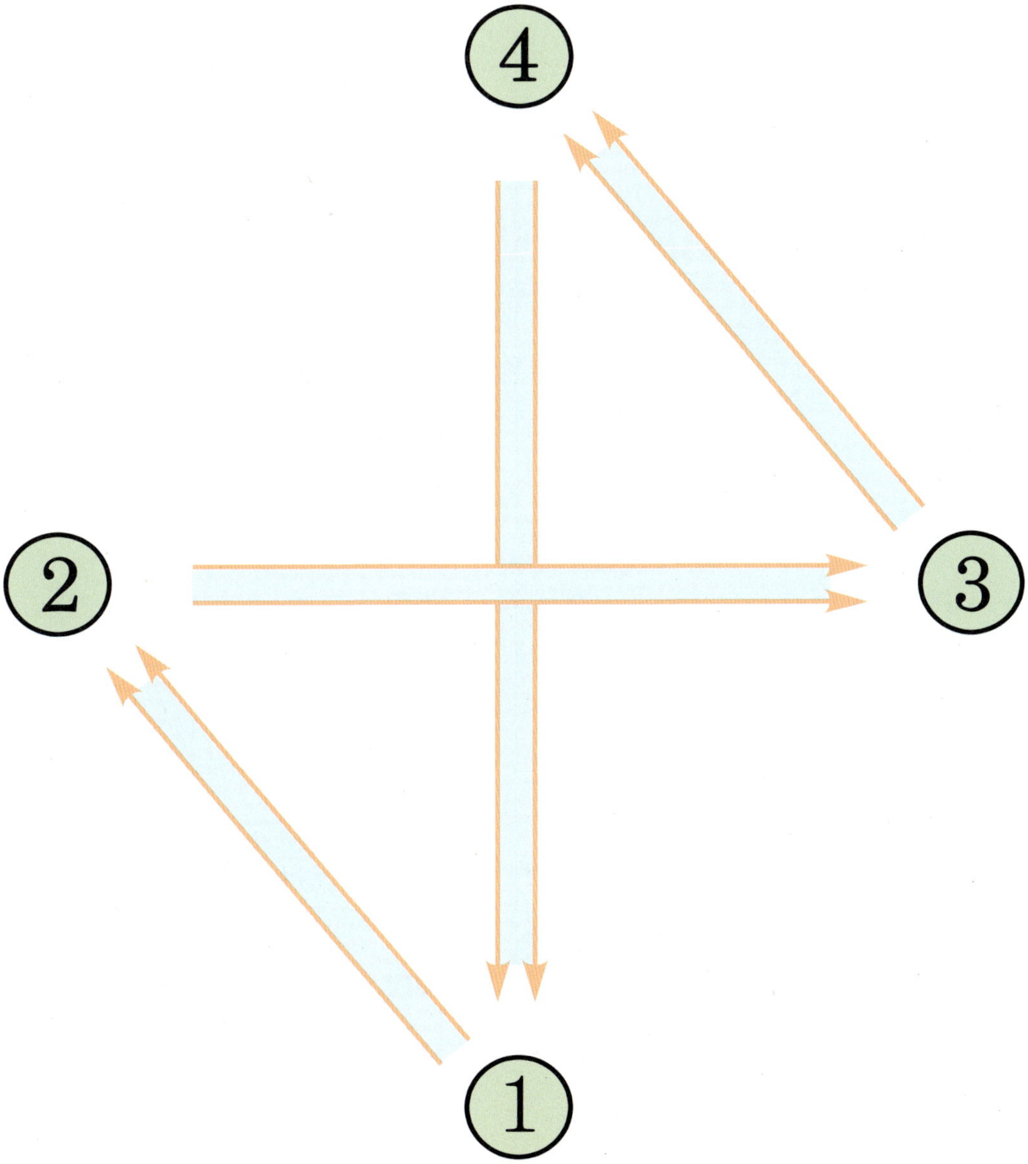

눈 체조 [6] 훈련 기록표

* 실력 향상을 위하여 매회 소요시간을 꼭 기록하세요.

1차	초	11차	초
2차	초	12차	초
3차	초	13차	초
4차	초	14차	초
5차	초	15차	초
6차	초	16차	초
7차	초	17차	초
8차	초	18차	초
9차	초	19차	초
10차	초	20차	초

집중력으로 세 글자 인지훈련 [3단계] ①호

* 시점을 중심에 두고 안구만을 움직여 Z자 형식으로 빠르게 인지합니다.
* 인지훈련 시 같은 낱말이 몇 개가 있는지 개수를 헤아리며 이동합니다.
* ①~③호까지 같은 글자의 개수가 맞는지 확인하고 소요시간을 기록하세요.

← 시 · 점 →

→무지개→ →속독법→ →달팽이→ →세탁기→ →기러기→

←진달래— ←과수원— ←옹달샘— ←독수리—

→ 세탁기 → 자전거 → 금붕어 → 무지개 →

← 달팽이 ← 얼룩말 ← 속독법 ←

→ 기러기 → 복숭아 → 앵무새 → 진달래 →

← 자전거 ← 과수원 ← 들국화 ←

→ 무지개 → 금붕어 → 옹달샘 → 얼룩말 →

← 진달래 ← 복숭아 ← 독수리 ←

→ 옹달샘 → 앵무새 → 얼룩말 → 세탁기 →

← 들국화 ← 기러기 ← 복숭아 ←

→ 속독법 → 금붕어 → 자전거 → 과수원 →

집중력으로 세 글자 인지훈련 [3단계] ②호

* 시점을 중심에 두고 안구만을 움직여 Z자 형식으로 빠르게 인지합니다.
* 인지훈련 시 같은 낱말이 몇 개가 있는지 개수를 헤아리며 이동합니다.
* ①~③호까지 같은 글자의 개수가 맞는지 확인하고 소요시간을 기록하세요.

← 시·점 →

→ 진달래 → 금붕어 → 복숭아 → 달팽이 →

← 얼룩말 ← 과수원 ← 자전거 ←

→ 앵무새 → 복숭아 → 들국화 → 무지개 →

← 세탁기 ← 얼룩말 ← 금붕어 ←

→ 옹달샘 → 들국화 → 자전거 → 속독법 →

← 달팽이 ← 앵무새 ← 고무신 ←

→ 독수리 → 얼룩말 → 홍당무 → 기러기 →

← 무지개 ← 금붕어 ← 복숭아 ←

→ 과수원 → 앵무새 → 독수리 → 세탁기 →

← 기러기 ← 들국화 ← 얼룩말 ←

→ 자전거 → 속독법 → 고무신 → 진달래 →

집중력으로 세 글자 인지훈련 [3단계] ③호

* 시점을 중심에 두고 안구만을 움직여 Z자 형식으로 빠르게 인지합니다.
* 인지훈련 시 같은 낱말이 몇 개가 있는지 개수를 헤아리며 이동합니다.
* ①~③호까지 같은 글자의 개수가 맞는지 확인하고 소요시간을 기록하세요.

← 시·점 →

→ 얼룩말 → 달팽이 → 자전거 → 세탁기 →

← 돌고래 ← 진달래 ← 들국화 ←

→ 세탁기 → 금붕어 → 앵무새 → 옹달샘 →

← 자전거 ← 얼룩말 ← 과수원 ←

→ 복숭아 → 무지개 → 고무신 → 독수리 →

← 앵무새 ← 옹달샘 ← 돌고래 ←

→ 진달래 → 들국화 → 금붕어 → 기러기 →

← 얼룩말 ← 속독법 ← 홍당무 ←

→ 달팽이 → 고무신 → 앵무새 → 독수리 →

← 과수원 ← 자전거 ← 복숭아 ←

→ 옹달샘 → 복숭아 → 금붕어 → 세탁기 →

①호 ~ ③호까지 세 글자 훈련 기록표

* 실력 향상을 위하여 매회 소요시간을 꼭 기록하세요.

 초    초    초

 초    초    초

 초    초    초

* 훈련을 다 마치고 나면 지도 선생님이 □안에 글자에 색연필로 ○표시해 주세요.

아주 잘했습니다.   정말 잘했습니다.

잘했습니다.

매우 잘했습니다.   참 잘했습니다.

집중력으로 세 글자 인지훈련 [3단계] ④호

* 시점을 중심에 두고 안구만을 움직여 Z자 형식으로 빠르게 인지합니다.
* 인지훈련 시 같은 낱말이 몇 개가 있는지 개수를 헤아리며 이동합니다.
* ④~⑥호까지 같은 글자의 개수가 맞는지 확인하고 소요시간을 기록하세요.

← 시·점 →

→ 무지개 → 얼룩말 → 금붕어 → 과수원 →

← 앵무새 ← 기러기 ← 들국화 ←

→ 진달래 → 고무신 → 자전거 → 달팽이 →

← 세탁기 ← 복숭아 ← 얼룩말 ←

→ 옹달샘 → 들국화 → 금붕어 → 무지개 →

← 자전거 ← 옹달샘 ← 앵무새 ←

→ 속독법 → 돌고래 → 독수리 → 고무신 →

← 복숭아 ← 과수원 ← 금붕어 ←

→ 달팽이 → 얼룩말 → 앵무새 → 기러기 →

← 독수리 ← 들국화 ← 속독법 ←

→ 무지개 → 복숭아 → 자전거 → 달팽이 →

집중력으로 세 글자 인지훈련 [3단계] ⑤호

* 시점을 중심에 두고 안구만을 움직여 Z자 형식으로 빠르게 인지합니다.
* 인지훈련 시 같은 낱말이 몇 개가 있는지 개수를 헤아리며 이동합니다.
* ④~⑥호까지 같은 글자의 개수가 맞는지 확인하고 소요시간을 기록하세요.

← 시·점 →

→ 달팽이 → 들국화 → 얼룩말 → 옹달샘 →

← 독수리 ← 앵무새 ← 진달래 ←

→ 세탁기 → 돌고래 → 금붕어 → 기러기 →

← 자전거 ← 무지개 ← 복숭아 ←

→ 속독법 → 들국화 → 고무신 → 얼룩말 →

← 금붕어 ← 홍당무 ← 과수원 ←

→ 진달래 → 복숭아 → 앵무새 → 무지개 →

← 기러기 ← 들국화 ← 자전거 ←

→ 독수리 → 금붕어 → 속독법 → 돌고래 →

← 자전거 ← 세탁기 ← 앵무새 ←

→ 과수원 → 얼룩말 → 복숭아 → 달팽이 →

집중력으로 세 글자 인지훈련 [3단계] ⑥호

* 시점을 중심에 두고 안구만을 움직여 Z자 형식으로 빠르게 인지합니다.
* 인지훈련 시 같은 낱말이 몇 개가 있는지 개수를 헤아리며 이동합니다.
* ④~⑥호까지 같은 글자의 개수가 맞는지 확인하고 소요시간을 기록하세요.

← 시·점 →

→ 옹달샘 → 들국화 → 속독법 → 자전거 →

← 얼룩말 ← 고무신 ← 기러기 ←

→ 달팽이 → 복숭아 → 홍당무 → 앵무새 →

← 들국화 ← 금붕어 ← 진달래 ←

→ 자전거 → 세탁기 → 얼룩말 → 독수리 →

← 복숭아 ← 고무신 ← 과수원 ←

→ 금붕어 → 무지개 → 돌고래 → 들국화 →

← 앵무새 ← 홍당무 ← 달팽이 ←

→ 얼룩말 → 속독법 → 자전거 → 독수리 →

← 들국화 ← 기러기 ← 금붕어 ←

→ 세탁기 → 고무신 → 얼룩말 → 무지개 →

④호 ~ ⑥호까지 세 글자 훈련 기록표

* 실력 향상을 위하여 매회 소요시간을 꼭 기록하세요.

 초    초    초

 초    초    초

 초    초    초

* 훈련을 다 마치고 나면 지도 선생님이 □안에 글자에 색연필로 ○표시해 주세요.

아주 잘했습니다.　　　정말 잘했습니다.

잘했습니다.

매우 잘했습니다.　　　참 잘했습니다.

집중력으로 세 글자 인지훈련 [3단계] ⑦호

* 시점을 중심에 두고 안구만을 움직여 Z자 형식으로 빠르게 인지합니다.
* 인지훈련 시 같은 낱말이 몇 개가 있는지 개수를 헤아리며 이동합니다.
* ⑦~⑩호까지 같은 글자의 개수가 맞는지 확인하고 소요시간을 기록하세요.

← 시 · 점 →

→ 속독법 → 자전거 → 들국화 → 무지개 →

← 금붕어 ← 앵무새 ← 기러기 ←

→ 달팽이 → 얼룩말 → 고무신 → 속독법 →

← 자전거 ← 무지개 ← 들국화 ←

→ 복숭아 → 세탁기 → 홍당무 → 독수리 →

← 얼룩말 ← 고무신 ← 달팽이 ←

→ 속독법 → 돌고래 → 금붕어 → 과수원 →

← 들국화 ← 앵무새 ← 진달래 ←

→ 달팽이 → 자전거 → 복숭아 → 옹달샘 →

← 과수원 ← 금붕어 ← 무지개 ←

→ 기러기 → 얼룩말 → 앵무새 → 진달래 →

집중력으로 세 글자 인지훈련 [3단계] ⑧호

* 시점을 중심에 두고 안구만을 움직여 Z자 형식으로 빠르게 인지합니다.
* 인지훈련 시 같은 낱말이 몇 개가 있는지 개수를 헤아리며 이동합니다.
* ⑦~⑩호까지 같은 글자의 개수가 맞는지 확인하고 소요시간을 기록하세요.

← 시·점 →

→ 속독법 → 들국화 → 얼룩말 → 과수원 →

← 금붕어 ← 자전거 ← 달팽이 ←

→ 옹달샘 → 얼룩말 → 홍당무 → 기러기 →

← 진달래 ← 돌고래 ← 앵무새 ←

→ 들국화 → 복숭아 → 무지개 → 고무신 →

← 독수리 ← 홍당무 ← 과수원 ←

→ 앵무새 → 금붕어 → 얼룩말 → 속독법 →

← 달팽이 ← 고무신 ← 자전거 ←

→ 기러기 → 복숭아 → 들국화 → 옹달샘 →

← 얼룩말 ← 진달래 ← 앵무새 ←

→ 과수원 → 금붕어 → 자전거 → 세탁기 →

집중력으로 세 글자 인지훈련 [3단계] ⑨호

* 시점을 중심에 두고 안구만을 움직여 Z자 형식으로 빠르게 인지합니다.
* 인지훈련 시 같은 낱말이 몇 개가 있는지 개수를 헤아리며 이동합니다.
* ⑦~⑩호까지 같은 글자의 개수가 맞는지 확인하고 소요시간을 기록하세요.

← 시·점 →

→ 세탁기 → 앵무새 → 들국화 → 옹달샘 →

← 진달래 ← 복숭아 ← 얼룩말 ←

→ 독수리 → 고무신 → 금붕어 → 무지개 →

← 자전거 ← 돌고래 ← 진달래 ←

→ 달팽이 → 홍당무 → 앵무새 → 독수리 →

← 얼룩말 ← 금붕어 ← 기러기 ←

→ 무지개 → 들국화 → 고무신 → 자전거 →

← 금붕어 ← 돌고래 ← 진달래 ←

→ 속독법 → 앵무새 → 복숭아 → 독수리 →

← 자전거 ← 과수원 ← 얼룩말 ←

→ 기러기 → 들국화 → 고무신 → 옹달샘 →

집중력으로 세 글자 인지훈련 [3단계] ⑩호

* 시점을 중심에 두고 안구만을 움직여 Z자 형식으로 빠르게 인지합니다.
* 인지훈련 시 같은 낱말이 몇 개가 있는지 개수를 헤아리며 이동합니다.
* ⑦~⑩호까지 같은 글자의 개수가 맞는지 확인하고 소요시간을 기록하세요.

← 시·점 →

→ 진달래 → 얼룩말 → 앵무새 → 세탁기 →

← 들국화 ← 과수원 ← 금붕어 ←

→ 속독법 → 고무신 → 옹달샘 → 자전거 →

← 독수리 ← 복숭아 ← 무지개 ←

→ 과수원 → 얼룩말 → 자전거 → 앵무새 →

← 금붕어 ← 들국화 ← 진달래 ←

→ 달팽이 → 복숭아 → 고무신 → 독수리 →

← 자전거 ← 세탁기 ← 얼룩말 ←

→ 무지개 → 앵무새 → 금붕어 → 옹달샘 →

← 독수리 ← 들국화 ← 기러기 ←

→ 진달래 → 금붕어 → 앵무새 → 속독법 →

 세 글자 훈련 기록표

* 실력 향상을 위하여 매회 소요시간을 꼭 기록하세요.

 초    초    초

 초    초    초

 초    초    초

* 훈련을 다 마치고 나면 지도 선생님이 □안에 글자에 색연필로 ○표시해 주세요.

아주 잘했습니다.   정말 잘했습니다.

잘했습니다.

매우 잘했습니다.   참 잘했습니다.

세 글자 연속 ①호~⑩호까지 스피드 인지훈련 기록표

* 낱말의 개수 오차 + - 하나 차이는 합격으로 인정합니다.
* 실력 향상을 위하여 매회 소요시간을 꼭 기록하세요.

낱말	1차 기록	2차 기록	3차 기록
무지개	분 초	분 초	분 초
속독법	분 초	분 초	분 초
달팽이	분 초	분 초	분 초
세탁기	분 초	분 초	분 초
기러기	분 초	분 초	분 초
진달래	분 초	분 초	분 초
과수원	분 초	분 초	분 초
옹달샘	분 초	분 초	분 초
독수리	분 초	분 초	분 초

실전속독 트레이닝 및 이해도 테스트[3]

* 한 줄의 글자를 최대한 많이 본 상태에서 중심 낱말을 인지하며 빠르게 이어갑니다.
* 이해도 테스트는 1회만 하고 2회부터는 속독 향상을 위해 기록 단축훈련을 하세요.

선녀 바위 [첫째 마당]

옛날, 어느 산골에 바위라는 이름을 가진 착한 노총각이 살고   24자
있었습니다.   5자
바위 총각은 마음씨가 착할 뿐 아니라 일을 잘하고 부지런했습   25자
니다.   2자
단오 명절에도 쉬지 않고 밭에 나가 일을 열심히 했습니다.   23자
단오는 우리나라 명절의 하나로 음력 5월 5일입니다.   22자
단오떡을 만들어 먹고 여자는 창포물에 머리를 감습니다.   23자
여자는 그네를 뛰고, 남자는 씨름을 합니다.   17자
이웃나라 중국과 일본에서도 지키는 명절입니다.   20자
마을 사람들은 웃고 떠들며 '호호 하하' 명절을 즐깁니다.   22자
바위총각이 한참 일을 하는데,   12자

+
195자

"어, 이상하다, 갑자기 어두워지지. 소나기가 오려나."

바위 총각은 하늘을 쳐다보았습니다.

하늘에서 소나기가 내리는 것이 아니고 옷자락이 길~게 훨훨 날리며 내려오고 있었습니다.

"오! 아름다운 여자. 선녀가 내려온다."

황홀감에 젖어 쳐다보니 여자 얼굴에는 눈물이 '주르륵' 흐릅니다.

선녀가 땅으로 발을 딛는 순간 바위총각은 얼른 여자 곁으로 달려갔습니다.

"아가씨는 누구세요?"

"어떻게 하늘에서 내려오는 겁니까?"

"저는 하늘나라에 사는 선녀입니다."

"제가 잘못을 저질러서 그만, 흑! 흑! 땅으로 쫓겨났습니다."

선녀는 매우 서럽게 울었습니다.

바위총각은 선녀가 불쌍했습니다.

* 실력 향상을 위하여 매회 소요시간을 꼭 기록하세요. [첫째 마당 글자 수 : 총 421자]

1차 기록 :   초   2차 기록 :   초   3차 기록 :   초

선녀 바위 [둘째 마당]

"산골에는 제가 사는 집밖에 없습니다."
"집에 가면 어머님이 계시는데 함께 지내십시오."
"식구가 없어 외로우신 어머니가 좋아하실 겁니다."
"예! 정말 고마우셔라."
바위총각은 선녀를 데리고 집으로 왔습니다.
"아니, 누구냐? 웬 색시를 데리고 온 거냐?"
"얼굴이 달덩이같이 예쁘구나."
총각의 어머니는 무척 좋아하셨습니다.
"어머니, 저 분은 이 세상에 사는 분이 아니라 하늘나라에 사는 선녀입니다."
"하늘나라에서 잘못한 것이 있어서 쫓겨났답니다."
"그럼 너 색시 삼으면 좋겠구나?"
"안됩니다! 어머니, 저 색시는 선녀입니다."
"안 될 게 뭐가 있겠니? 색시가 허락만 하면 되지!"

"어머니와 함께 지내려고 데리고 온 겁니다."

"오해 마세요."

마음씨 착한 아들은 선녀를 아내로 삼을 생각은 없었습니다.

선녀를 어머니 방에서 함께 지내게 해 주었습니다.

선녀는 바위총각 네 집에 살면서 집안 살림을 열심히 했습니다.

어느 날, 어머니가 선녀에게 물어보았습니다.

"우리 바위, 참 착하지?"

"네 마음씨도 좋고 아주 착한 사람이에요."

"그럼, 색시 마음에 들어?"

어머니는 선녀를 며느리로 삼고 싶었지만. 선녀는 쉽게 대답하지 않았습니다.

어머니는 잠자리에서 선녀에게 말했습니다.

"우리 아들은 서른인데 결혼도 못하고 저렇게 혼자 지내고 있다오."

선녀 바위 [셋째 마당]

"집이 가난하여 누구 시집오겠다는 처녀도 없어 속상하오."

"바위총각님이 불쌍하군요."

바위총각은 방에서 선녀의 발에 꼭 맞는 짚신을 만들고 있었습니다.

다음날 바위총각은 선녀의 방으로 들어가 어젯밤에 만든 짚신 한 켤레를 방바닥에 가지런히 놓았습니다.

"발에 맞는지 모르겠지만, 어서 신어 보시오."

"어쩜, 이렇게 꼭 맞나요!"

선녀는 바위총각의 선물을 받고 매우 기뻐했습니다.

아침이면 선녀는 짚신을 신고 날아다니듯 열심히 부엌일을 했습니다.

어머니는 짚신을 신고 좋아하는 선녀에게 물어보았습니다.

"어때? 마음에 들어?"

"네, 짚신이 꼭 마음에 들어요."

"그럼 됐다, 됐어!"

"맑은 물 한 그릇 떠 놓고 서로 맞절이라도 하고 우리 바위랑 함께 살아줘."

선녀의 얼굴은 벌써 빨개져 있었습니다.
어머니는 기뻐서 아들에게 달려가 알려 주었습니다.
"바위야, 색시가 너와 혼인하기로 마음먹었다."
"정말? 정말인가요?"
드디어 바위총각과 선녀는 냉수 한 그릇을 떠놓고 맞절을 함으로써 서로 부부가 되었습니다.
바위총각은 좋아서 어쩔 줄 몰라 했습니다.
바위가 밭에 나가서 일하면 선녀도 같이 따라가 밭일을 도왔습니다.
선녀는 짚신을 신고 일하면 조금도 힘이 들지 않았습니다.
모든 근심 걱정도 다 잊고 재미있게 살았습니다.
그러던 어느 날 선녀는 밭일을 마치고 집으로 오는 길에 개울물에 발을 담그며 씻고 있었습니다.
선녀는 무언가 생각을 하더니 큰 한숨을 쉬는 것이었습니다.

* 실력 향상을 위하여 매회 소요시간을 꼭 기록하세요.[셋째 마당 글자 수 : 총 501자]

선녀 바위 [넷째 마당]

옆에 있던 바위가 물었습니다.

"어찌하여 그렇게 긴 한숨을 쉬는 겁니까?"

"짚신만 벗으면 근심 걱정이 몰려 들어옵니다."

"여태껏 괜찮지 않았소?"

"저는 하늘나라에서 잘못을 저질러 1년 동안 아래 세상에 내려와 살아야 했습니다."

"그렇게 해서 서방님을 만나게 된 것입니다."

"저는 1년이 되면 다시 하늘나라로 올라가야 합니다."

"안됩니다."

"저을 두고 하늘나라로 가지 마시오."

"부부의 인연을 맺으면 평생 함께 살기로 맹세하는 일입니다."

"어찌, 1년 만에 헤어진단 말이오?"

"그럴 순 없습니다."

"그럼 우리 헤어지지 말고 죽을 때까지 함께 살아요."

오월 단오 명절이 서서히 다가왔습니다.

선녀가 신고 있던 짚신도 거의 다 닳았습니다.

바위는 밤을 새워 선녀의 짚신을 다시 만들었습니다.

"꼭 맞지요?"

"네, 꼭 맞습니다."

벌써 선녀가 땅에 내려온 지도 1년이 되는 날입니다.

하늘에서 종이 울리면 하늘로 올라가야 합니다.

선녀가 밭에서 한참 일을 하고 있을 때입니다.

"땡~"

하늘에서 종소리가 들려왔습니다.

"저 소리는 저를 올라오라는 소리예요."

"안 됩니다."

"하늘로 가지 마시오. 죽을 때까지 같이 살아요."

"저도 그러고 싶어요."

"땡~"

두 번째 종소리가 울려 퍼집니다.

선녀는 바위 품에 안겨서,

"나도 당신과 함께 살고 싶어요."

"고맙소!"

"땡~~"

세 번째 종소리가 더욱 세차게 울려 퍼집니다.

선녀를 빨리 올라오라고 재촉하는 종소리였습니다.   21자

"흑! 흑! 무슨 일이 있더라도 당신과 함께 있을 겁니다."   20자

하늘에서는 선녀가 올라오지 않자 신하를 보내어 알아보게   24자

했습니다.   4자

신하는 땅으로 내려와 바위와 부부가 된 것을 알고, 하늘나라   24자

옥황상제에게 알렸습니다.   11자

옥황상제는 화가나 하늘에서 벼락을 내렸습니다.   20자

"우리는 죽어도 같이 죽고, 살아도 같이 삽시다."   18자

"우르르 쾅! 찌지~직"   7자

두 사람이 꼭 껴안은 곳으로 벼락이 떨어졌습니다.   20자

벼락을 맞는 순간 선녀와 바위는 그 자리에서 굳어졌습니다.   24자

이렇게 만들어진 바위를 보고 사람들은 선녀 바위라 불렀답니   25자

다. -끝-   + 1자
                                                                    219자

선녀 바위 [전체 글자 수 : 1,576자]

＊ 실력 향상을 위하여 매회 소요시간을 꼭 기록하세요. [넷째 마당 글자 수 : 총 667자]

1차 기록 : 초	2차 기록 : 초	3차 기록 : 초

실전속독 트레이닝 및 이해도 테스트

선녀 바위 이해도 테스트

* 아래 5문제 중 3문제 이상 맞추어야 합니다.
* 틀린 문제가 있으면 다음 시간에 다시 읽고 정답을 확인하세요.
* 정답 확인은 한 번만 확인하고 2회부터 독서를 위한 속독훈련만 하세요.

1. 음력 5월 5일 명절 이름은 무엇일까요?[   ]
   ① 동지   ② 설날   ③ 추석   ④ 단오

2. 짚신 한 켤레는 몇 개일까요?[   ]
   ① 1개   ② 2개   ③ 3개   ④ 4개

3. 선녀가 바위총각과 살 수 있는 기간은 몇 년일까요?[   ]
   ① 1년   ② 2년   ③ 3년   ④ 4년

4. 종소리는 모두 몇 번까지 울렸나요?[   ]
   ① 한 번   ② 두 번   ③ 세 번   ④ 네 번

5. 옥황상제님이 내린 벌은 무엇일까요?[   ]
   ① 천둥   ② 번개   ③ 우박   ④ 벼락

속독향상을 위한 실전훈련 기록표

* 실력 향상을 위하여 [첫째 마당]~[넷째 마당]까지 연속하여 매회 소요시간을 꼭 기록하세요.

1차 소요시간	2차 소요시간	3차 소요시간
분 초	분 초	분 초

7장 목 차

- 3 속독을 위한 기본 안구운동 가로 훈련[1]
- 4 속독을 위한 기본 안구운동 가로 훈련[2]
- 5 속독을 위한 기본 안구운동 가로 훈련 기록표
- 6 속독을 위한 기본 안구운동 세로 훈련[1]
- 7 속독을 위한 기본 안구운동 세로 훈련[2]
- 8 속독을 위한 기본 안구운동 세로 훈련 기록표
- 9 안구의 흐름과 집중력 향상을 위한 미로찾기[1]
- 10 안구의 흐름과 집중력 향상을 위한 미로찾기[2]
- 11 안구의 흐름과 집중력 향상을 위한 미로찾기[3]
- 12 눈 체조[7]
- 13 눈 체조 훈련 기록표
- 14 독서력 향상을 위한 안구흐름 네 글자 인지훈련[1]
- 15 독서력 향상을 위한 안구흐름 네 글자 인지훈련[2]
- 16 독서력 향상을 위한 안구흐름 네 글자 인지훈련[3]
- 17 네 줄 스피드 속독 트레이닝 [4단계] ①호~③호
- 20 ①호~③호까지 네 줄 훈련 기록표
- 21 네 줄 스피드 속독 트레이닝 [4단계] ④호~⑥호
- 24 ④호~⑥호까지 네 줄 훈련 기록표
- 25 네 줄 스피드 속독 트레이닝 [4단계] ⑦호~⑩호
- 29 ⑦호~⑩호까지 네 줄 훈련 기록표
- 30 네 줄 연속 ①호~⑩호까지 스피드 속독 트레이닝 기록표
- 31 [포도]의 중심 낱말 찾기 훈련
- 32 포도의 중심 낱말 찾기

속독을 위한 기본 안구운동 가로 훈련 [1]

* 훈련 시 머리는 고정한 상태에서 안구를 좌·우로 움직여 빠르게 아래로 이동합니다.
* 시점을 중심에 두고 앞·뒤 쪽에 있는 하트기호를 연속하여 훈련[1]~[2]까지 기록합니다.

← 시·점 →

속독을 위한 기본 안구운동 훈련 [2]   가로

* 훈련 시 머리는 고정한 상태에서 안구를 좌·우로 움직여 빠르게 아래로 이동합니다.
* 시점을 중심에 두고 앞·뒤 쪽에 있는 하트기호를 연속하여 훈련[1]~[2]까지 기록합니다.

← 시·점 →

육 ←----------------→ 육

칠 ←----------------→ 칠

팔 ←----------------→ 팔

구 ←----------------→ 구

십 ←----------------→ 십

7장-4 기본 안구운동 훈련

속독을 위한 기본 안구운동
가로 훈련 기록표

※ 실력 향상을 위하여 매회 소요시간을 꼭 기록하세요.

1차	초	11차	초
2차	초	12차	초
3차	초	13차	초
4차	초	14차	초
5차	초	15차	초
6차	초	16차	초
7차	초	17차	초
8차	초	18차	초
9차	초	19차	초
10차	초	20차	초

속독을 위한 기본 안구운동 훈련 [1]

세로

* 훈련 시 머리는 고정한 상태에서 안구만을 움직여 상·하로 빠르게 이동합니다.
* 시점을 중심에 두고 좌·우 쪽에 있는 하트기호를 빠르게 1회씩 반복 훈련합니다.

← 시·점 →

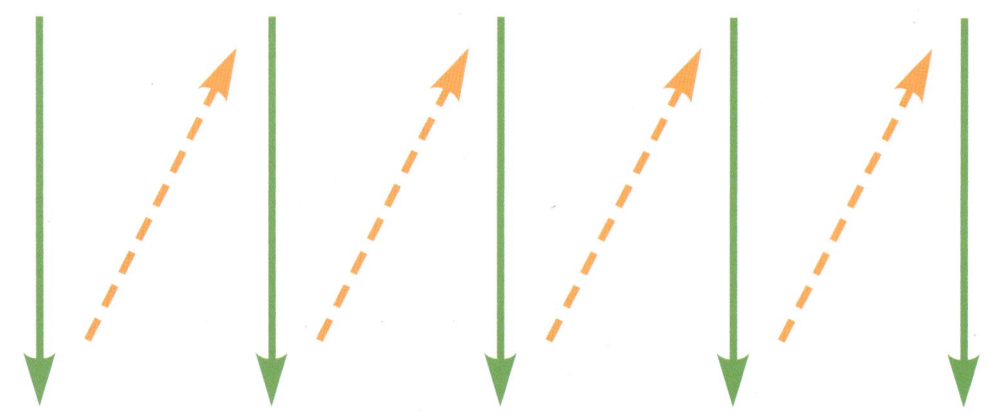

기본 안구운동 세로 훈련

속독을 위한 기본 안구운동  훈련 [2]

* 훈련 시 머리는 고정한 상태에서 안구만을 움직여 상·하로 빠르게 이동합니다.
* 시점을 중심에 두고 좌·우 쪽에 있는 하트기호를 빠르게 1회씩 반복 훈련합니다.

← 시·점 →

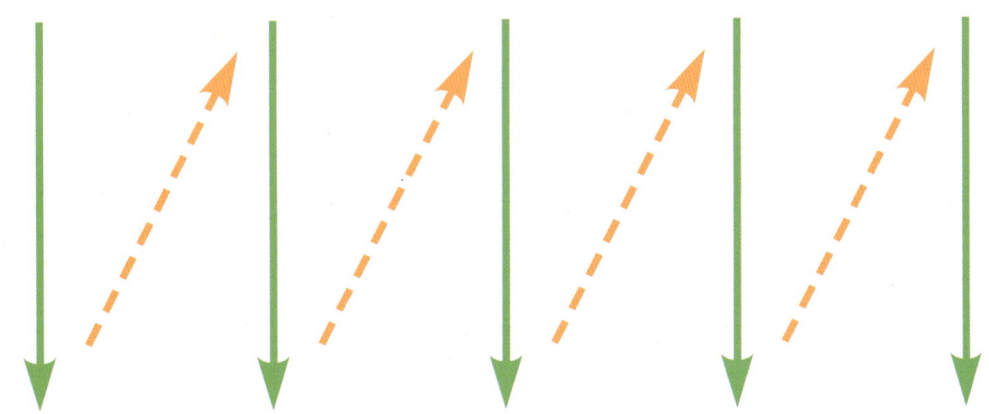

기본 안구운동 세로 훈련

속독을 위한 기본 안구운동
세로훈련 기록표

* 실력 향상을 위하여 매회 소요시간을 꼭 기록하세요.

1차	초	11차	초
2차	초	12차	초
3차	초	13차	초
4차	초	14차	초
5차	초	15차	초
6차	초	16차	초
7차	초	17차	초
8차	초	18차	초
9차	초	19차	초
10차	초	20차	초

안구의 흐름과 집중력 향상을 위한 미로 찾기 [1]

* 필기구는 절대로 사용하지 말고 눈으로만 미로를 따라 이동하세요.

* 초시계로 소요시간을 측정하여 기록하세요.

1차 소요시간	2차 소요시간	3차 소요시간	4차 소요시간	5차 소요시간
초	초	초	초	초

안구의 흐름과 집중력 향상을 위한 미로 찾기 [2]

* 필기구는 절대로 사용하지 말고 눈으로만 미로를 따라 이동하세요.

* 초시계로 소요시간을 측정하여 기록하세요.

1차 소요시간	2차 소요시간	3차 소요시간	4차 소요시간	5차 소요시간
초	초	초	초	초

안구의 흐름과 집중력 향상을 위한 미로 찾기 [3]

※ 필기구는 절대로 사용하지 말고 눈으로만 미로를 따라 이동하세요.

※ 초시계로 소요시간을 측정하여 기록하세요.

1차 소요시간	2차 소요시간	3차 소요시간	4차 소요시간	5차 소요시간
초	초	초	초	초

눈 체조 [7]

* 시점을 중심에 두고 화살표(⇄) 방향으로 좌로 2회, 우로 2회씩 총 5회를 빠르게 반복 실시하세요.

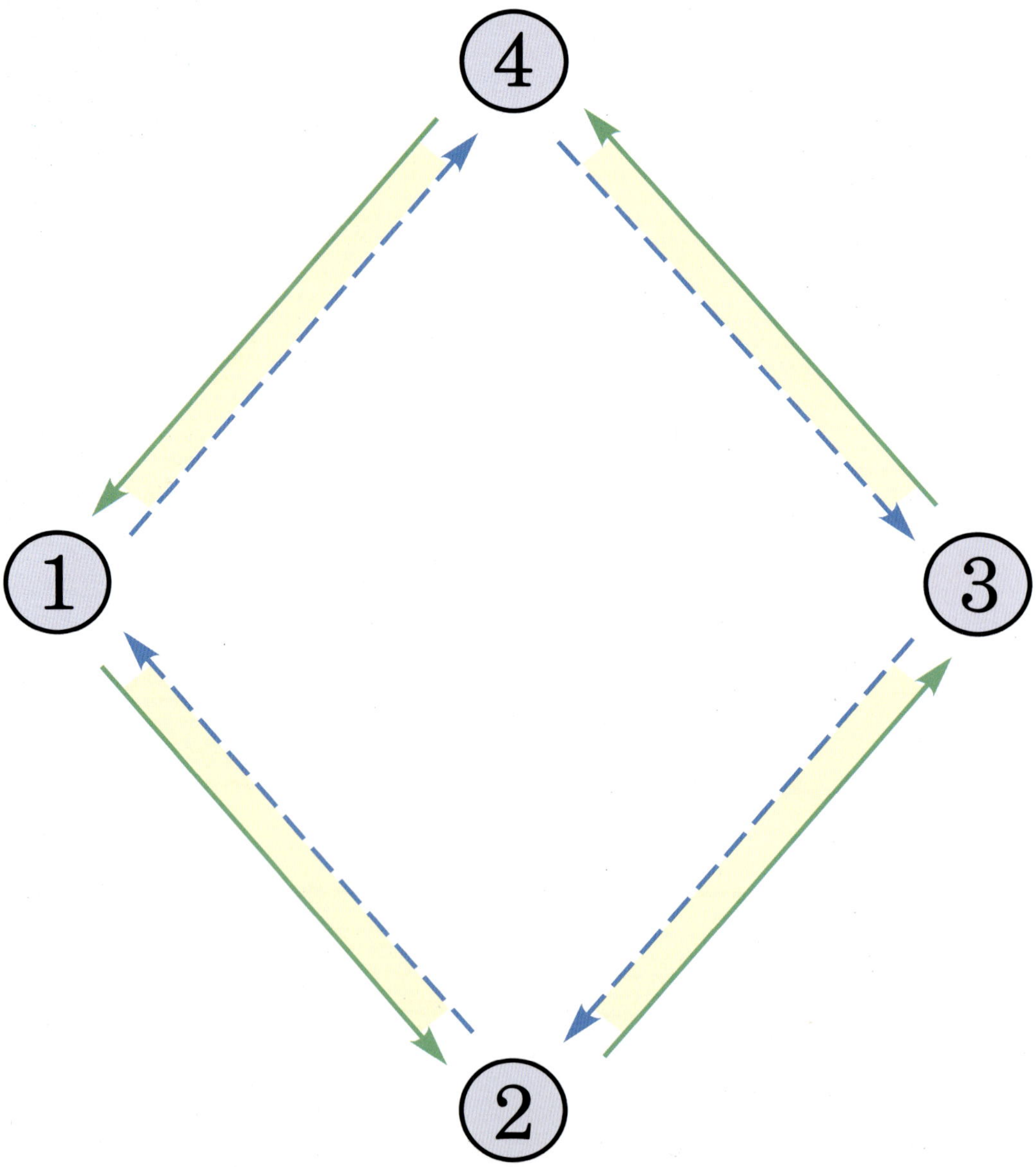

← 시·점 →

④

①   ③

②

 눈 체조 [7] 훈련 기록표

* 실력 향상을 위하여 매회 소요시간을 꼭 기록하세요.

1차	초	11차	초
2차	초	12차	초
3차	초	13차	초
4차	초	14차	초
5차	초	15차	초
6차	초	16차	초
7차	초	17차	초
8차	초	18차	초
9차	초	19차	초
10차	초	20차	초

독서력 향상을 위한 안구흐름 네 글자 인지훈련 [1]

* 좌측의 물레방아 한 글자 낱말을 인지하고 나서 그 줄에 같은 글자를 찾으세요.
* 다시 우측의 오토바이 낱말을 인지하고 나서 그 줄에 같은 글자를 찾으면 됩니다.

← 시·점 →

물레방아 → 귀뚜라미 허수아비 물레방아 코스모스 고슴도치 청개구리

코스모스 오토바이 할아버지 미꾸라지 딱따구리 바람개비 ← 오토바이

귀뚜라미 → 청개구리 코스모스 물레방아 고슴도치 귀뚜라미 허수아비

오토바이 미꾸라지 딱따구리 바람개비 코스모스 할아버지 ← 딱따구리

코스모스 → 귀뚜라미 고슴도치 허수아비 청개구리 물레방아 코스모스

할아버지 바람개비 미꾸라지 딱따구리 코스모스 오토바이 ← 바람개비

허수아비 → 물레방아 귀뚜라미 청개구리 코스모스 허수아비 고슴도치

오토바이 미꾸라지 코스모스 할아버지 딱따구리 바람개비 ← 할아버지

고슴도치 → 물레방아 귀뚜라미 청개구리 코스모스 고슴도치 허수아비

딱따구리 오토바이 미꾸라지 할아버지 바람개비 코스모스 ← 미꾸라지

청개구리 → 귀뚜라미 고슴도치 물레방아 코스모스 허수아비 청개구리

* 초시계로 소요시간을 측정하여 기록하세요.

1차 소요시간	2차 소요시간	3차 소요시간	4차 소요시간	5차 소요시간
초	초	초	초	초

네 글자 인지훈련

독서력 향상을 위한 안구흐름 네 글자 인지훈련 [2]

* 좌측의 딱따구리 한 글자 낱말을 인지하고 나서 그 줄에 같은 글자를 찾으세요.
* 다시 우측의 코스모스 낱말을 인지하고 나서 그 줄에 같은 글자를 찾으면 됩니다.

← 시·점 →

딱따구리 → 귀뚜라미 허수아비 물레방아 딱따구리 고슴도치 청개구리

코스모스 오토바이 코스모스 할아버지 미꾸라지 바람개비 ← 코스모스

귀뚜라미 → 청개구리 코스모스 바람개비 고슴도치 귀뚜라미 허수아비

오토바이 물레방아 미꾸라지 딱따구리 코스모스 할아버지 ← 물레방아

미꾸라지 → 귀뚜라미 고슴도치 청개구리 미꾸라지 물레방아 코스모스

할아버지 바람개비 허수아비 딱따구리 코스모스 오토바이 ← 할아버지

허수아비 → 물레방아 귀뚜라미 청개구리 코스모스 허수아비 고슴도치

오토바이 바람개비 코스모스 할아버지 딱따구리 미꾸라지 ← 바람개비

오토바이 → 물레방아 귀뚜라미 오토바이 코스모스 고슴도치 허수아비

딱따구리 청개구리 미꾸라지 할아버지 바람개비 코스모스 ← 청개구리

고슴도치 → 귀뚜라미 물레방아 코스모스 고슴도치 허수아비 청개구리

* 초시계로 소요시간을 측정하여 기록하세요.

1차 소요시간	2차 소요시간	3차 소요시간	4차 소요시간	5차 소요시간
초	초	초	초	초

독서력 향상을 위한 안구흐름 네 글자 인지훈련 [3]

* 좌측의 딱따구리 한 글자 낱말을 인지하고 나서 그 줄에 같은 글자를 찾으세요.
* 다시 우측의 코스모스 낱말을 인지하고 나서 그 줄에 같은 글자를 찾으면 됩니다.

← 시·점 →

청개구리 → 귀뚜라미 허수아비 물레방아 코스모스 고슴도치 청개구리

코스모스 오토바이 할아버지 바람개비 미꾸라지 딱따구리 ← 바람개비

귀뚜라미 → 물레방아 고슴도치 청개구리 코스모스 귀뚜라미 허수아비

오토바이 코스모스 딱따구리 미꾸라지 할아버지 바람개비 ← 딱따구리

코스모스 → 고슴도치 귀뚜라미 허수아비 코스모스 청개구리 물레방아

딱따구리 할아버지 물레방아 미꾸라지 코스모스 오토바이 ← 물레방아

허수아비 → 물레방아 귀뚜라미 허수아비 고슴도치 청개구리 코스모스

코스모스 할아버지 오토바이 바람개비 미꾸라지 딱따구리 ← 코스모스

고슴도치 → 청개구리 코스모스 물레방아 귀뚜라미 고슴도치 허수아비

딱따구리 오토바이 바람개비 미꾸라지 할아버지 코스모스 ← 미꾸라지

청개구리 → 물레방아 코스모스 허수아비 청개구리 귀뚜라미 고슴도치

* 초시계로 소요시간을 측정하여 기록하세요.

1차 소요시간	2차 소요시간	3차 소요시간	4차 소요시간	5차 소요시간
초	초	초	초	초

네 줄 스피드 속독 트레이닝 [4단계] ①호

* 시점을 중심으로부터 훈련 기호를 최대한 많이 본 상태에서 화살표를 따라 안구를 좌·우로 이동하여 글을 읽듯이 최대한 빠르게 아래로 이동합니다.
* 종합훈련 시 ①호~⑩호까지 연속으로 이동하여(1분 단위로 측정) 글자 수를 기록합니다.

← 시·점 →

라→라→라→라→라→라→라→라→라→라
라→라→라→라→라→라→라→라→라→라
라→라→라→라→라→라→라→라→라→라
라→라→라→라→라→라→라→라→라→라 40자

라←라←라←라←라←라←라←라←라←라
라←라←라←라←라←라←라←라←라←라
라←라←라←라←라←라←라←라←라←라
라←라←라←라←라←라←라←라←라←라 80자

라→라→라→라→라→라→라→라→라→라
라→라→라→라→라→라→라→라→라→라
라→라→라→라→라→라→라→라→라→라
라→라→라→라→라→라→라→라→라→라 120자

라←라←라←라←라←라←라←라←라←라
라←라←라←라←라←라←라←라←라←라
라←라←라←라←라←라←라←라←라←라
라←라←라←라←라←라←라←라←라←라 160자

네 줄 스피드 속독 트레이닝 [4단계] ②호

* 시점을 중심으로부터 훈련 기호를 최대한 많이 본 상태에서 화살표를 따라 안구를 좌·우로 이동하여 글을 읽듯이 최대한 빠르게 아래로 이동합니다.
* 종합훈련 시 ①호~⑩호까지 연속으로 이동하여(1분 단위로 측정) 글자 수를 기록합니다.

← 시·점 →

네 줄 스피드 속독 트레이닝 [4단계] ③호

* 시점을 중심으로부터 훈련 기호를 최대한 많이 본 상태에서 화살표를 따라 안구를 좌·우로 이동하여 글을 읽듯이 최대한 빠르게 아래로 이동합니다.
* 종합훈련 시 ①호~⑩호까지 연속으로 이동하여(1분 단위로 측정) 글자 수를 기록합니다.

← 시·점 →

360자

400자

440자

480자

①호 ~ ③호까지 네 줄 훈련 기록표

* 실력 향상을 위하여 매회 소요시간을 꼭 기록하세요.

 1차 _____ 초
 2차 _____ 초
 3차 _____ 초

 4차 _____ 초
 5차 _____ 초
 6차 _____ 초

 7차 _____ 초
 8차 _____ 초
 9차 _____ 초

* 훈련을 다 마치고 나면 지도 선생님이 □안에 글자에 색연필로 ○표시해 주세요.

아주 잘했습니다.   정말 잘했습니다.

잘했습니다.

매우 잘했습니다.   참 잘했습니다.

네 줄 스피드 속독 트레이닝 [4단계] ④호

* 시점을 중심으로부터 훈련 기호를 최대한 많이 본 상태에서 화살표를 따라 안구를 좌·우로 이동하여 글을 읽듯이 최대한 빠르게 아래로 이동합니다.
* 종합훈련 시 ①호~⑩호까지 연속으로 이동하여(1분 단위로 측정) 글자 수를 기록합니다.

← 시·점 →

520자

560자

600자

640자

네 줄 스피드 속독 트레이닝

네 줄 스피드 속독 트레이닝 [4단계] ⑤호

* 시점을 중심으로부터 훈련 기호를 최대한 많이 본 상태에서 화살표를 따라 안구를 좌·우로 이동하여 글을 읽듯이 최대한 빠르게 아래로 이동합니다.
* 종합훈련 시 ①호~⑩호까지 연속으로 이동하여(1분 단위로 측정) 글자 수를 기록합니다.

← 시·점 →

680자

720자

760자

800자

네 줄 스피드 속독 트레이닝 [4단계] ⑥호

* 시점을 중심으로부터 훈련 기호를 최대한 많이 본 상태에서 화살표를 따라 안구를 좌·우로 이동하여 글을 읽듯이 최대한 빠르게 아래로 이동합니다.
* 종합훈련 시 ①호~⑩호까지 연속으로 이동하여(1분 단위로 측정) 글자 수를 기록합니다.

← 시·점 →

840자

880자

920자

960자

④호 ~ ⑥호까지 네 줄 훈련 기록표

✱ 실력 향상을 위하여 매회 소요시간을 꼭 기록하세요.

 초    초    초

 초    초    초

 초    초    초

✱ 훈련을 다 마치고 나면 지도 선생님이 □안에 글자에 색연필로 ○표시해 주세요.

아주 잘했습니다.   정말 잘했습니다.

잘했습니다.

매우 잘했습니다.   참 잘했습니다.

훈련 기록표

네 줄 스피드 속독 트레이닝 [4단계] ⑦호

* 시점을 중심으로부터 훈련 기호를 최대한 많이 본 상태에서 화살표를 따라 안구를 좌·우로 이동하여 글을 읽듯이 최대한 빠르게 아래로 이동합니다.
* 종합훈련 시 ①호~⑩호까지 연속으로 이동하여(1분 단위로 측정) 글자 수를 기록합니다.

← 시 · 점 →

1000자

1040자

1080자

1120자

네 줄 스피드 속독 트레이닝 [4단계] ⑨호

* 시점을 중심으로부터 훈련 기호를 최대한 많이 본 상태에서 화살표를 따라 안구를 좌·우로 이동하여 글을 읽듯이 최대한 빠르게 아래로 이동합니다.
* 종합훈련 시 ①호~⑩호까지 연속으로 이동하여(1분 단위로 측정) 글자 수를 기록합니다.

← 시·점 →

1160자

1200자

1240자

1280자

네 줄 스피드 속독 트레이닝 [4단계] ⑨호

* 시점을 중심으로부터 훈련 기호를 최대한 많이 본 상태에서 화살표를 따라 안구를 좌·우로 이동하여 글을 읽듯이 최대한 빠르게 아래로 이동합니다.
* 종합훈련 시 ①호~⑩호까지 연속으로 이동하여(1분 단위로 측정) 글자 수를 기록합니다.

← 시·점 →

라→라→라→라→라→라→라→라→라→라
라→라→라→라→라→라→라→라→라→라
라→라→라→라→라→라→라→라→라→라
라→라→라→라→라→라→라→라→라→라 1320자

라←라←라←라←라←라←라←라←라←라
라←라←라←라←라←라←라←라←라←라
라←라←라←라←라←라←라←라←라←라
라←라←라←라←라←라←라←라←라←라 1360자

라→라→라→라→라→라→라→라→라→라
라→라→라→라→라→라→라→라→라→라
라→라→라→라→라→라→라→라→라→라
라→라→라→라→라→라→라→라→라→라 1400자

라←라←라←라←라←라←라←라←라←라
라←라←라←라←라←라←라←라←라←라
라←라←라←라←라←라←라←라←라←라
라←라←라←라←라←라←라←라←라←라 1440자

네 줄 스피드 속독 트레이닝 [4단계] ⑩호

* 시점을 중심으로부터 훈련 기호를 최대한 많이 본 상태에서 화살표를 따라 안구를 좌·우로 이동하여 글을 읽듯이 최대한 빠르게 아래로 이동합니다.
* 종합훈련 시 ①호~⑩호까지 연속으로 이동하여(1분 단위로 측정) 글자 수를 기록합니다.

← 시·점 →

1480자

1520자

1560자

1600자

⑦호 ~ ⑩호까지 네 줄 훈련 기록표

* 실력 향상을 위하여 매회 소요시간을 꼭 기록하세요.

 초    초    초

 초    초    초

 초    초    초

* 훈련을 다 마치고 나면 지도 선생님이 □안에 글자에 색연필로 ○표시해 주세요.

아주 잘했습니다.   정말 잘했습니다.

잘했습니다.

매우 잘했습니다.   참 잘했습니다.

네 줄 연속 ①호~⑩호까지 스피드 속독 트레이닝 기록표

* 실력 향상을 위하여 매회 소요시간을 꼭 기록하세요.

| 1차 기록 | 1분간 글자 수 : 　　　　　자 |

| 2차 기록 | 1분간 글자 수 : 　　　　　자 |

| 3차 기록 | 1분간 글자 수 : 　　　　　자 |

| 4차 기록 | 1분간 글자 수 : 　　　　　자 |

| 5차 기록 | 1분간 글자 수 : 　　　　　자 |

| 6차 기록 | 1분간 글자 수 : 　　　　　자 |

| 7차 기록 | 1분간 글자 수 : 　　　　　자 |

| 8차 기록 | 1분간 글자 수 : 　　　　　자 |

| 9차 기록 | 1분간 글자 수 : 　　　　　자 |

| 10차 기록 | 1분간 글자 수 : 　　　　　자 |

네 줄 속독 트레이닝 기록표

♥ 처음 한 번은 동시를 지도 선생님이 읽어 주세요. ♥

아래 동시의 내용을 읽으면서
표시된 중심 낱말을 인지하세요.

[포도]의 중심 낱말 찾기 훈련

포도 넝쿨 아래서 고개를 들면

탐스러운 포도가 주렁주렁 열렸고

내 얼굴로 우수수 떨어질 것 같아요.

한참을 기다려도 떨어지지 않고 입안엔 침만 가득

발꿈치를 들어 손을 뻗쳐 봐도 닿지 않네.

먹고 싶다! 마음은 굴뚝같은데

탱글탱글 포도 알은 웃고만 있네.

못 먹는 마음, 아이! 속상해!

그래도 내 눈은 즐겁기만 하네.

포도의 중심 낱말 찾기

* 앞의 동시를 읽고 연상되는 낱말을 10개를 모두 찾아 ○표하세요.

1차 낱말 5개 찾기 소요시간 : 초	2차 낱말 5개 찾기 소요시간 : 초
마음	다리
기쁨	발꿈치
고개	머리
탱글탱글	입
장대	웃고
눈	주렁주렁
귀	슬픔
얼굴	손

8장 목차

- 3 선을 따라서 같은 음계 인지하기 훈련[1]
- 4 선을 따라서 같은 음계 인지하기 훈련[2]
- 5 선을 따라서 같은 음계 인지하기 훈련[3]
- 6 같은 음계 훈련 기록표
- 7 눈 체조[8]
- 8 눈 체조 훈련 기록표
- 9 집중력으로 네 글자 인지훈련 [4단계] ①호
- 10 집중력으로 네 글자 인지훈련 [4단계] ②호
- 11 집중력으로 네 글자 인지훈련 [4단계] ③호
- 12 ①호~③호까지 네 글자 훈련 기록표
- 13 집중력으로 네 글자 인지훈련 [4단계] ④호
- 14 집중력으로 네 글자 인지훈련 [4단계] ⑤호
- 15 집중력으로 네 글자 인지훈련 [4단계] ⑥호
- 16 ④호~⑥호까지 네 글자 훈련 기록표
- 17 집중력으로 네 글자 인지훈련 [4단계] ⑦호
- 18 집중력으로 네 글자 인지훈련 [4단계] ⑧호
- 19 집중력으로 네 글자 인지훈련 [4단계] ⑨호
- 20 집중력으로 네 글자 인지훈련 [4단계] ⑩호
- 21 ⑦호~⑩호까지 네 글자 훈련 기록표
- 22 네 글자 연속 ①~⑩호까지 스피드 인지훈련 기록표
- 23 실전속독 트레이닝 및 이해도 테스트[노인을 버리는 지게]
- 32 이해도 테스트

독서영재 두뇌 속독법 시리즈 정답표

정답 확인

p6
도 21개 레 25개 미 23개 파 24개 솔 25개
라 16개 시 24개

p12
호랑나비 7 청개구리 8 금수강산 6 귀뚜라미 10 축구선수 7
고슴도치 5 단풍나무 5

p16
고슴도치 4 무궁화꽃 6 금수강산 6 호랑나비 6 청개구리 7

p21
느티나무 9 뭉게구름 8 청개구리 6 축구선수 9 대한민국 10

p22
호랑나비 18 청개구리 21 금수강산 20 귀뚜라미 21 축구선수 22
고슴도치 19 단풍나무 19

p32
노인 버리는 지게
1.① 2.⑤ 3.② 4.③ 5.④ 6.②

선을 따라서 같은 음계 인지하기 훈련

* 선에 걸쳐있는 같은 음계의 개수를 세어가며 훈련[1]~[3]까지 빠르게 이동하세요.

←시·점→

도 미 라 시 레 파 솔 미

시 라 파 도 레 도 미

미 솔 시 솔 파

레 도 미 솔 파 미 도

시 레 도 미 도 시 솔

파 솔 라 시 레 도

미 솔 파 시 레

파 레 도 미

시 솔 라 파 미 레 도

선을 따라서 같은 음계 인지하기 훈련

* 선에 걸쳐있는 같은 음계의 개수를 세어가며 훈련[1]~[3]까지 빠르게 이동하세요.

←시·점→

시 라 파 도 시 솔 솔
미
도 레 도
도 라 라 레
시 솔 솔 파
레
미 솔 도
솔 파 도 레
시 도 파 레 시 미
레 라
솔 파 솔 라 시
미 레 파 시 레
파
레 미
레 시 솔 라 파 도

선을 따라서 같은 음계 인지하기 훈련 3

* 선에 걸쳐있는 같은 음계의 개수를 세어가며 훈련[1]~[3]까지 빠르게 이동하세요.

←시·점→

미 도 레 파 시 솔 라

솔 도 라 라 시 도 미

미 솔 시 파

시

파 미 레 도 솔 도

파 도 레 미 솔 시 시

라 솔 파 레 라 솔

시 레 파 미 레

레 라 파 도

도 미 시 솔 파 레 미

같은 음계 훈련 기록표

* 초시계로 매회 소요시간을 측정하여 기록하세요.

음계	1차 기록	2차 기록	3차 기록
도	음계개수 : 개 소요시간 : 초	음계개수 : 개 소요시간 : 초	음계개수 : 개 소요시간 : 초
레	음계개수 : 개 소요시간 : 초	음계개수 : 개 소요시간 : 초	음계개수 : 개 소요시간 : 초
미	음계개수 : 개 소요시간 : 초	음계개수 : 개 소요시간 : 초	음계개수 : 개 소요시간 : 초
파	음계개수 : 개 소요시간 : 초	음계개수 : 개 소요시간 : 초	음계개수 : 개 소요시간 : 초
솔	음계개수 : 개 소요시간 : 초	음계개수 : 개 소요시간 : 초	음계개수 : 개 소요시간 : 초
라	음계개수 : 개 소요시간 : 초	음계개수 : 개 소요시간 : 초	음계개수 : 개 소요시간 : 초
시	음계개수 : 개 소요시간 : 초	음계개수 : 개 소요시간 : 초	음계개수 : 개 소요시간 : 초

눈 체조 [8]

* 시점을 중심에 두고 화살표(⇄) 방향을 따라 안구로 원을 그리듯이 좌로 2회, 우로 2회씩 총 5회를 빠르게 반복 시행하세요.

← 시·점 →

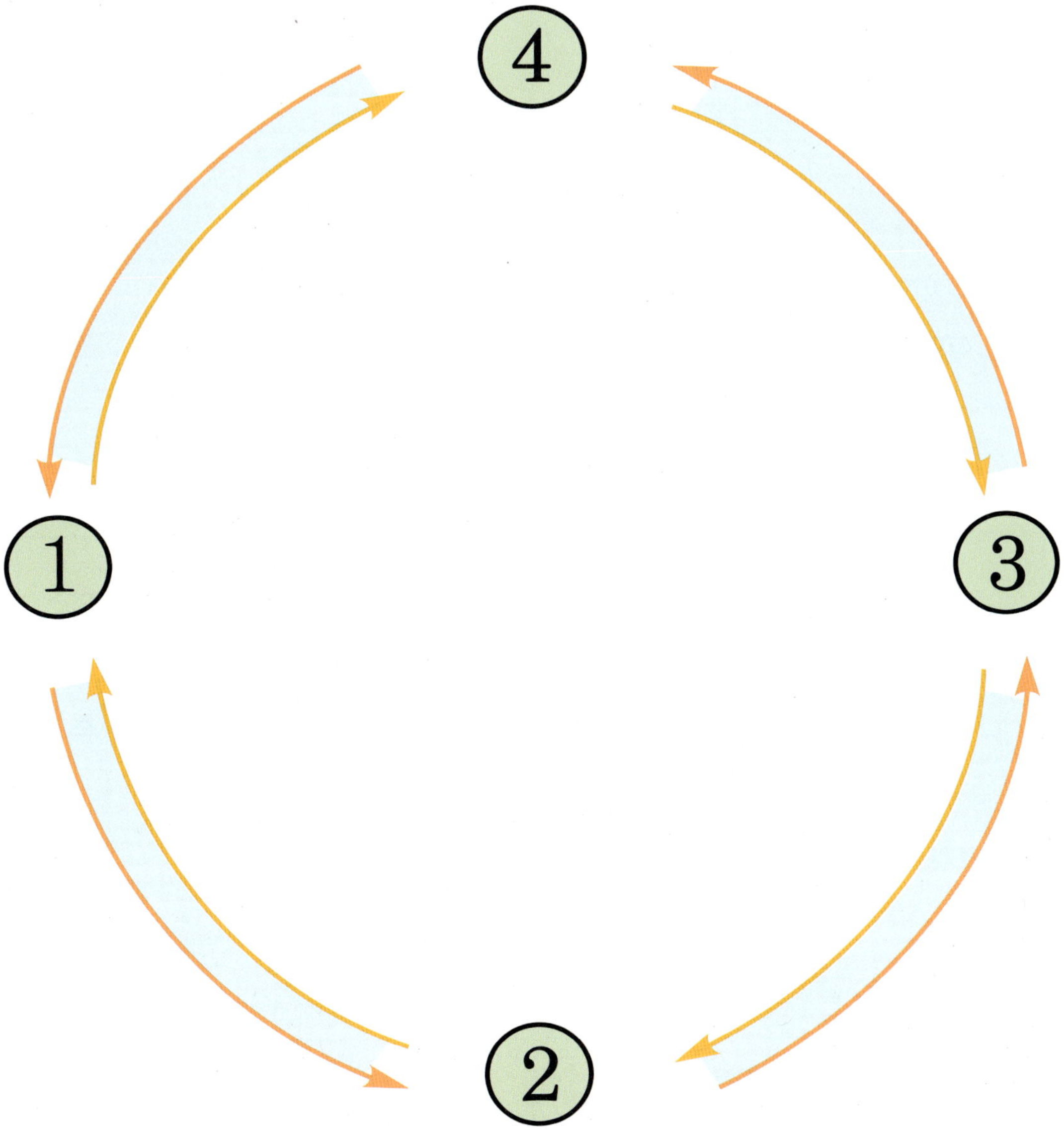

④

①　　　③

②

231

눈 체조

8장-7

눈 체조 [8] 훈련 기록표

* 실력 향상을 위하여 매회 소요시간을 꼭 기록하세요.

1차	초	11차	초
2차	초	12차	초
3차	초	13차	초
4차	초	14차	초
5차	초	15차	초
6차	초	16차	초
7차	초	17차	초
8차	초	18차	초
9차	초	19차	초
10차	초	20차	초

집중력으로 네 글자 인지훈련 [4단계] ①호

* 시점을 중심에 두고 안구만을 움직여 Z자 형식으로 빠르게 인지합니다.
* 인지훈련 시 같은 낱말이 몇 개가 있는지 개수를 헤아리며 이동합니다.
* ①~③호까지 같은 글자의 개수가 맞는지 확인하고 소요시간을 기록하세요.

← 시·점 →

호랑나비 → 청개구리 → 금수강산 → 귀뚜라미 →

← 축구선수 ← 고슴도치 ← 단풍나무

→ 금수강산 → 대한민국 → 호랑나비 →

← 느티나무 ← 청개구리 ←

→ 귀뚜라미 → 무궁화꽃 → 유리구두 →

← 세수수건 ← 축구선수 ←

→ 호랑나비 → 탁상시계 → 느티나무 →

← 대한민국 ← 고슴도치 ←

→ 축구선수 → 유리구두 → 귀뚜라미 →

← 탁상시계 ← 청개구리 ←

→ 귀뚜라미 → 느티나무 → 금수강산 →

집중력으로 네 글자 인지훈련 [4단계] ②호

* 시점을 중심에 두고 안구만을 움직여 Z자 형식으로 빠르게 인지합니다.
* 인지훈련 시 같은 낱말이 몇 개가 있는지 개수를 헤아리며 이동합니다.
* ①~③호까지 같은 글자의 개수가 맞는지 확인하고 소요시간을 기록하세요.

← 시·점 →

→ 고슴도치 → 세수수건 → 축구선수 →
← 귀뚜라미 ← 대한민국 ←
→ 느티나무 → 유리구두 → 호랑나비 →
← 축구선수 ← 탁상시계 ←
→ 단풍나무 → 무궁화꽃 → 고슴도치 →
← 청개구리 ← 느티나무 ←
→ 대한민국 → 탁상시계 → 귀뚜라미 →
← 금수강산 ← 세수수건 ←
→ 무궁화꽃 → 유리구두 → 축구선수 →
← 호랑나비 ← 탁상시계 ←
→ 귀뚜라미 → 느티나무 → 청개구리 →

집중력으로 네 글자 인지훈련 [4단계] ③호

* 시점을 중심에 두고 안구만을 움직여 Z자 형식으로 빠르게 인지합니다.
* 인지훈련 시 같은 낱말이 몇 개가 있는지 개수를 헤아리며 이동합니다.
* ①~③호까지 같은 글자의 개수가 맞는지 확인하고 소요시간을 기록하세요.

← 시·점 →

→ 축구선수 → 탁상시계 → 호랑나비 →

← 유리구두 ← 단풍나무 ←

→ 청개구리 → 대한민국 → 귀뚜라미 →

← 고슴도치 ← 뭉게구름 ←

→ 느티나무 → 세수수건 → 금수강산 →

← 단풍나무 ← 유리구두 ←

→ 세수수건 → 탁상시계 → 청개구리 →

← 귀뚜라미 ← 무궁화꽃 ←

→ 호랑나비 → 유리구두 → 단풍나무 →

← 금수강산 ← 느티나무 ←

→ 청개구리 → 대한민국 → 귀뚜라미 →

①호 ~ ③호까지 네 글자 훈련 기록표

∗ 실력 향상을 위하여 매회 소요시간을 꼭 기록하세요.

 초    초    초

 초    초    초

 초    초    초

∗ 훈련을 다 마치고 나면 지도 선생님이 □안에 글자에 색연필로 ○표시해 주세요.

아주 잘했습니다.   정말 잘했습니다.

잘했습니다.

매우 잘했습니다.   참 잘했습니다.

집중력으로 네 글자 인지훈련 [4단계] ④호

* 시점을 중심에 두고 안구만을 움직여 Z자 형식으로 빠르게 인지합니다.
* 인지훈련 시 같은 낱말이 몇 개가 있는지 개수를 헤아리며 이동합니다.
* ④~⑥호까지 같은 글자의 개수가 맞는지 확인하고 소요시간을 기록하세요.

→ 고슴도치 → 무궁화꽃 → 금수강산 →
← 호랑나비 ← 청개구리 ←
→ 느티나무 → 귀뚜라미 → 대한민국 →
← 유리구두 ← 축구선수 ←
→ 청개구리 → 탁상시계 → 단풍나무 →
← 단풍나무 ← 세수수건 ←
→ 금수강산 → 느티나무 → 호랑나비 →
← 대한민국 ← 귀뚜라미 ←
→ 고슴도치 → 유리구두 → 탁상시계 →
← 세수수건 ← 금수강산 ←
→ 호랑나비 → 무궁화꽃 → 축구선수 →

집중력으로 네 글자 인지훈련 [4단계] ⑤호

* 시점을 중심에 두고 안구만을 움직여 Z자 형식으로 빠르게 인지합니다.
* 인지훈련 시 같은 낱말이 몇 개가 있는지 개수를 헤아리며 이동합니다.
* ④~⑥호까지 같은 글자의 개수가 맞는지 확인하고 소요시간을 기록하세요.

← 시·점 →

→ 귀뚜라미 → 세수수건 → 대한민국 →

← 탁상시계 ← 단풍나무 ←

→ 유리구두 → 느티나무 → 청개구리 →

← 축구선수 ← 무궁화꽃 ←

→ 대한민국 → 호랑나비 → 세수수건 →

← 탁상시계 ← 고슴도치 ←

→ 청개구리 → 유리구두 → 귀뚜라미 →

← 단풍나무 ← 느티나무 ←

→ 유리구두 → 탁상시계 → 금수강산 →

← 축구선수 ← 세수수건 ←

→ 대한민국 → 청개구리 → 무궁화꽃 →

집중력으로 네 글자 인지훈련 [4단계] ⑥호

* 시점을 중심에 두고 안구만을 움직여 Z자 형식으로 빠르게 인지합니다.
* 인지훈련 시 같은 낱말이 몇 개가 있는지 개수를 헤아리며 이동합니다.
* ④~⑥호까지 같은 글자의 개수가 맞는지 확인하고 소요시간을 기록하세요.

← 시·점 →

→ 호랑나비 → 무궁화꽃 → 귀뚜라미 →

← 단풍나무 ← 탁상시계 ←

→ 세수수건 → 대한민국 → 축구선수 →

← 청개구리 ← 느티나무 ←

→ 탁상시계 → 유리구두 → 금수강산 →

← 귀뚜라미 ← 세수수건 ←

→ 대한민국 → 무궁화꽃 → 호랑나비 →

← 축구선수 ← 느티나무 ←

→ 금수강산 → 탁상시계 → 고슴도치 →

← 청개구리 ← 유리구두 ←

→ 느티나무 → 대한민국 → 귀뚜라미 →

④호 ~ ⑥호까지 네 글자 훈련 기록표

＊ 실력 향상을 위하여 매회 소요시간을 꼭 기록하세요.

＊ 훈련을 다 마치고 나면 지도 선생님이 □안에 글자에 색연필로 ○표시해 주세요.

아주 잘했습니다.   정말 잘했습니다.

잘했습니다.

매우 잘했습니다.   참 잘했습니다.

집중력으로 네 글자 인지훈련 [4단계] ⑦호

* 시점을 중심에 두고 안구만을 움직여 Z자 형식으로 빠르게 인지합니다.
* 인지훈련 시 같은 낱말이 몇 개가 있는지 개수를 헤아리며 이동합니다.
* ⑦~⑩호까지 같은 글자의 개수가 맞는지 확인하고 소요시간을 기록하세요.

← 시·점 →

→ 느티나무 → 뭉게구름 → 청개구리 →

← 축구선수 ← 대한민국 ←

→ 유리구두 → 무궁화꽃 → 금수강산 →

← 귀뚜라미 ← 세수수건 ←

→ 청개구리 → 탁상시계 → 축구선수 →

← 무궁화꽃 ← 단풍나무 ←

→ 축구선수 → 뭉게구름 → 느티나무 →

← 대한민국 ← 호랑나비 ←

→ 금수강산 → 세수수건 → 유리구두 →

← 고슴도치 ← 탁상시계 ←

→ 무궁화꽃 → 대한민국 → 금수강산 →

집중력으로 네 글자 인지훈련 [4단계] ⑧호

* 시점을 중심에 두고 안구만을 움직여 Z자 형식으로 빠르게 인지합니다.
* 인지훈련 시 같은 낱말이 몇 개가 있는지 개수를 헤아리며 이동합니다.
* ⑦~⑩호까지 같은 글자의 개수가 맞는지 확인하고 소요시간을 기록하세요.

← 시·점 →

→ 호랑나비 → 느티나무 → 고슴도치 →

← 대한민국 ← 축구선수 ←

→ 탁상시계 → 느티나무 → 금수강산 →

← 고슴도치 ← 세수수건 ←

→ 유리구두 → 호랑나비 → 뭉게구름 →

← 축구선수 ← 대한민국 ←

→ 귀뚜라미 → 무궁화꽃 → 유리구두 →

← 탁상시계 ← 단풍나무 ←

→ 대한민국 → 유리구두 → 고슴도치 →

← 단풍나무 ← 느티나무 ←

→ 세수수건 → 청개구리 → 금수강산 →

집중력으로 네 글자 인지훈련 [4단계] ⑨호

* 시점을 중심에 두고 안구만을 움직여 Z자 형식으로 빠르게 인지합니다.
* 인지훈련 시 같은 낱말이 몇 개가 있는지 개수를 헤아리며 이동합니다.
* ⑦~⑩호까지 같은 글자의 개수가 맞는지 확인하고 소요시간을 기록하세요.

← 시·점 →

→ 금수강산 → 뭉게구름 → 대한민국 →

← 느티나무 ← 단풍나무 ←

→ 세수수건 → 축구선수 → 유리구두 →

← 청개구리 ← 탁상시계 ←

→ 뭉게구름 → 대한민국 → 고슴도치 →

← 호랑나비 ← 무궁화꽃 ←

→ 느티나무 → 유리구두 → 귀뚜라미 →

← 단풍나무 ← 뭉게구름 ←

→ 탁상시계 → 세수수건 → 금수강산 →

← 축구선수 ← 무궁화꽃 ←

→ 고슴도치 → 유리구두 → 호랑나비 →

집중력으로 네 글자 인지훈련 [4단계] ⑩호

* 시점을 중심에 두고 안구만을 움직여 Z자 형식으로 빠르게 인지합니다.
* 인지훈련 시 같은 낱말이 몇 개가 있는지 개수를 헤아리며 이동합니다.
* ⑦~⑩호까지 같은 글자의 개수가 맞는지 확인하고 소요시간을 기록하세요.

← 시·점 →

→ 고슴도치 → 대한민국 → 청개구리 →

← 단풍나무 ← 뭉게구름 ←

→ 고슴도치 → 탁상시계 → 축구선수 →

← 느티나무 ← 단풍나무 ←

→ 금수강산 → 유리구두 → 대한민국 →

← 무궁화꽃 ← 고슴도치 ←

→ 귀뚜라미 → 세수수건 → 느티나무 →

← 뭉게구름 ← 단풍나무 ←

→ 청개구리 → 대한민국 → 탁상시계 →

← 유리구두 ← 고슴도치 ←

→ 단풍나무 → 세수수건 → 축구선수 →

네 글자 인지훈련

⑦호 ~ ⑩호까지 네 글자 훈련 기록표

✽ 실력 향상을 위하여 매회 소요시간을 꼭 기록하세요.

 초
 초
 초

 초
 초
 초

 초
 초
 초

✽ 훈련을 다 마치고 나면 지도 선생님이 □안에 글자에 색연필로 ○표시해 주세요.

아주 잘했습니다.   정말 잘했습니다.

잘했습니다.

매우 잘했습니다.   참 잘했습니다.

네 글자 연속 ①호~⑩호까지 스피드 인지훈련 기록표

* 낱말의 개수 오차 + - 하나 차이는 합격으로 인정합니다.
* 실력 향상을 위하여 매회 소요시간을 꼭 기록하세요.

낱말	1차 기록	2차 기록	3차 기록
호랑나비	분 초	분 초	분 초
	분 초	분 초	분 초
청개구리	분 초	분 초	분 초
	분 초	분 초	분 초
금수강산	분 초	분 초	분 초
	분 초	분 초	분 초
귀뚜라미	분 초	분 초	분 초
	분 초	분 초	분 초
축구선수	분 초	분 초	분 초
	분 초	분 초	분 초
고슴도치	분 초	분 초	분 초
	분 초	분 초	분 초
단풍나무	분 초	분 초	분 초
	분 초	분 초	분 초

실전속독 트레이닝 및 이해도 테스트[4]

* 한 줄의 글자를 최대한 많이 본 상태에서 중심 낱말을 인지하며 빠르게 이어갑니다.
* 이해도 테스트는 1회만 하고 2회부터는 속독 향상을 위해 기록 단축훈련을 하세요.

노인을 버리는 지게 [첫째 마당]

옛날에 병든 할아버지와 젊은 농부 부부가 살았습니다.   22자
할아버지는 젊은 농부의 아버지였습니다.   17자
농부의 아내는 시아버지를 거들떠보지도 않았습니다.   22자
시아버지가 빨리 죽었으면 하는 마음뿐입니다.   19자
"어휴, 늙으면 빨리 죽어야 해."   16자
"식사시간만 되면 밥상 차리기 귀찮아."   15자
"하는 일 없이 저렇게 누워만 있으니."   14자
"정말, 골치 아파!"   6자
아내가 투덜댑니다.   8자
농부는 악한 아내를 야단치기는커녕 오히려 맞장구를 칩니다.   25자
"에이, 나도 아버지가 싫어."   10자
병든 할아버지는 아들 부부에게 괄시를 받으며 하루하루를   24자

+ 198자

보내고 있었습니다.

화 한 번 제대로 내지 못하고 마음속으로 얼마나 속상할까요?

"내가 어서 죽어야지! 살아서 뭐 하나!"

불효자식 아들과 며느리 때문에 속이 상하여 한숨만 내쉬고 있었습니다.

하루는 부엌에서 맛있게 고기 굽는 냄새가 났습니다.

"킁킁, 맛있는 냄새가 나는구나!"

할아버지는 방문을 열고 며느리에게 말을 했습니다.

"냄새가, 기가 막히게 좋구나?"

"흥, 늙은이가 냄새도 잘 맡으시는군."

며느리는 부엌에서 할아버지가 다 들을 정도로 혼자 중얼거렸습니다.

"그럼, 나더러 코를 막고 살란 말이야?"

"휴~ 그만하세요."

"가만히 계시면 알아서 갖다 드리죠."

"어린 아이처럼 보채시네."

며느리는 시아버지께 소리를 꽥 질렀습니다.

화가 난 할아버지는 방문을 '꽝' 닫아 버렸습니다.

[첫째 마당 글자 수 : 총 461자]

*실력 향상을 위하여 매회 소요시간을 꼭 기록하세요.

1차 기록 :   초   2차 기록 :   초   3차 기록 :   초

노인을 버리는 지게 [둘째 마당]

"쩝쩝, 아버님이 방에 들어가셨으니 어서 우리 먼저 먹읍시다."
"고기 맛있다!"
"아, 맛있다. 냠냠, 쩝쩝."
부부는 맛있게 고기를 먹고 나서 씹기도 어려운 질긴 고기 몇 점을 접시에 담았습니다.
접시를 할아버지 방문 앞에 '쿵' 하고 갖다 놓았습니다.
소리를 들고 배고픈 할아버지는 얼른 방문을 열었습니다.
"이런, 질긴 고기……, 먹던 찌꺼기를 주다니!"
할아버지는 매우 서글픈 생각이 들어 속상합니다.
고기접시에는 손도 대지 않고 그대로 둔 채 방문을 꽝 닫았습니다.
밤이 되어 농부 부부는 잠이 들었습니다.
접시에 있던 고기는 어떻게 되었을까요?
글쎄, 사람들이 잠든 사이에 고양이가 와서 몽땅 먹어 치웠습니다.
며느리는 아침에 빈 접시를 보고는
"한 점도 남김없이 다 잡수셨네."

그때 할아버지가 방문을 열면서,

"나는 고기 한 점 먹은 적 없다."

손을 좌우로 저으며 말하자,

며느리는 기가 막힌다는 듯이,

"어제 저녁에 접시에 고기를 수북이 담아 놓았는데 이게 다 어디 갔어요?"

"귀신이 먹었나? 거짓말하시기는……."

"나는 먹은 적이 없다."

"이젠 노망이 나셨나 봐!"

그날부터 농부의 아내는 마을 사람들에게 시아버지가 노망이 났다고 소문을 내기 시작하였습니다.

할아버지가 사는 마을에는 나쁜 풍습이 있었습니다.

늙고 쇠약한 사람이 노망이 들면 지게에 지고 산에다 버리는 풍습으로 '고려장'이라 하였습니다.

지게는 짐을 얹어 사람이 등에 지는 우리나라의 농사용 기구입니다.

지게는 두 개의 가지가 돋친 긴 나무와 위는 좁고 아래는 벌어지게 생겼습니다.

* 실력 향상을 위하여 매회 소요시간을 꼭 기록하세요.[둘째 마당 글자 수 : 총 522자]

1차 기록 :   초   2차 기록 :   초   3차 기록 :   초

노인을 버리는 지게 [셋째 마당]

어느 날이었습니다. 8자
"아무래도 아버님을 고려장을 지내야겠어요." 18자
"나도, 같은 생각이오." 8자
"그럼 내일 고려장을 지냅시다." 12자
"마을 사람들도 아버님이 노망이 들은 것을 다 알고 있으니 23자
빨리합시다." 5자
"차마 내가 어떻게 아버님을 버릴 수 있겠소?" 17자
"그러면 우리아들 칠복이를 시킵시다." 15자
이튿날 새벽이 되었습니다. 11자
농부는 지게를 가지고 와 할아버지 방문 앞에 갖다 놓았습니다. 25자
아내는 방문 앞에서 아주 공손하게 말을 했습니다. 20자
"아버님, 방에만 계셔서 답답하실 텐데 산에 꽃구경이나 하시 24자
고 오세요." 4자
이 말을 들은 할아버지는 아무것도 모르고 좋아하셨습니다. 23자
며느리가 차려주는 아침밥도 맛있게 먹고 나니 기분이 좋았습 25자
니다. 2자
칠복이가 지게를 갖다대며, 11자
"할아버지! 어서 지게에 올라타세요." 14자

+
265자

"산에는 진달래꽃이 활짝 피었겠지?"

할아버지는 칠복이의 지게를 타고 구경을 가니 좋아서 싱글벙글합니다.

따뜻한 봄볕이 내리쬐고, 들에는 아지랑이도 피어오르고 있었습니다.

산에서는 아름다운 새 소리도 들리니 마음조차 상쾌했습니다.

할아버지는 손자에게 말을 했습니다.

"지나가다 진달래꽃 좀 한 아름 꺾어다오."

"진달래꽃은 무엇 하시려고요."

"있다가 배고프면 먹으려고."

"아니 집에서 진지 잡수시잖아요?"

"점심 안 먹은 지가 오래 되었단다."

"할아버지. 정말이세요? 어머니가 점심 안 차려 주세요?"

"바빠서 잊어버렸나 봐."

할아버지는 서러움에 눈물을 흘리기 시작합니다.

"늙으면 어서 죽어야지."

칠복이는 아버지의 부탁으로 할아버지를 산에다 버리려 했는데 마음이 내키지 않아서 동굴로 모시고 갔습니다.

* 실력 향상을 위하여 매회 소요시간을 꼭 기록하세요. [셋째 마당 글자 수 : 총 545자]

1차 기록 :   초   2차 기록 :   초   3차 기록 :   초

노인을 버리는 지게 [넷째 마당]

"할아버지! 동굴에서 며칠만 계세요."
"제가 내려가서 이불하고 먹을 것을 갔다 드릴게요."
지게에서 내린 할아버지는 산에 구경하러 온 것이 아니라는 것을 알았습니다.
"내가 노망이 들어 고려장을 지내는 것이지?"
"아니에요, 할아버지."
"나는 늙었지만 노망도 들지 않았고, 정신도 말짱하고 귀도 잘 들린다."
"자식과 며느리에게 구박을 받으니 차라리 동굴에서 하루라도 편히 살다가 죽었으면 좋겠다."
할아버지는 동굴 속으로 들어갔고 칠복이는 지게를 지고 집으로 내려왔습니다.
칠복이는 할아버지가 노망이 들었다는 것이 거짓이라는 것을 알았습니다.
집에 돌아온 칠복이는 큰 소리로 말했습니다.
"할아버지를 산골짜기에 내려놓고 왔습니다."
"잘했다, 우리 아들."
"아니. 그런데 지게는 버리지 않고 왜 도로 가지고 왔냐?"

농부의 아내가 지게를 쳐다보며 아들에게 물었습니다.
"지게를 없애면 다음에 아버지와 어머니를 어떻게 산에다 버리나요?" "뭐? 뭐라고?"
부부는 깜짝 놀랐습니다.
"아버지와 어머니도 늙어서 노망이 나면 고려장을 지내야 할 것 아니에요?"
아들의 말에 부부는 기가 막혔습니다.
"저도 장가가면 제 아내가 아버지와 어머니를 할아버지 대하듯 똑같이 할 겁니다."
"어이구, 칠복아! 이 어미가 잘못했다."
"어서 가서 할아버지를 다시 모셔 오너라."
"칠복아! 이 아비도 잘못했다. 용서해라."
"너에게 볼 낯이 없구나."
칠복이는 지게를 메고 산으로 뛰듯이 올라갔습니다.
"헉! 헉! 할아버지~ 저 왔어요."
"아버지, 어머니가 빨리 모시고 오라고 했어요."
"어서 집에 가세요." "칠복아? 그게 정말이냐?"
칠복이는 할아버지를 지게에 태워서 집으로 돌아왔습니다.
아버지와 어머니가 대문 앞에서 기다리고 있었습니다.
"아버님, 저희를 용서하세요."

"저희가 잘못했어요. 불효자를 용서하세요." "흑! 흑!"
부부는 무릎을 꿇고 눈물을 흘리며 용서를 빌었습니다.
"용서는 무슨 용서냐?"
"아비야~ 어미야~ 어서 방으로 들어가자!"
부부는 할아버지를 부축하여 안방으로 모셨습니다.
농부는 아버지께 고깃국을 끓여 드리려고 소고기를 사러 나갔습니다.
아내는 남편이 사온 소고기로 불고기 요리를 하였습니다.
정성스런 상을 차려 할아버지께 저녁상을 올립니다.
"아니! 너희나 먹지, 얼마 살지도 못할 내가 먹어서 뭐하니?"
"아니에요, 저희는 앞으로 살날이 많이 있으니 얼마든지 먹을 수 있어요."
"아버님! 어서 많이 잡수세요."
그리하여 농부의 부부는 늙은 아버님을 잘 모시고 행복하게 살았습니다.
그 후 이 마을에는 고려장을 지내는 나쁜 풍습이 사라졌다고 합니다.
참 다행입니다. -끝-

노인을 버리는 지게[전체 글자 수 : 2,400자]

* 실력 향상을 위하여 매회 소요시간을 꼭 기록하세요. [넷째 마당 글자 수 : 총 872자]

| 1차 기록 : 초 | 2차 기록 : 초 | 3차 기록 : 초 |

노인을 버리는 지게 이해도 테스트

* 아래 5문제 중 3문제 이상 맞추어야 합니다.
* 틀린 문제가 있으면 다음 시간에 다시 읽고 정답을 확인하세요.
* 정답 확인은 한 번만 확인하고 2회부터 독서를 위한 속독훈련만 하세요.

1. 할아버지의 고기는 누가 먹었을까요?[   ]
   ① 고양이   ② 강아지   ③ 호랑이   ④ 토끼

2. 병든 할아버지를 산에다 버리는 나쁜 풍습을 무엇이라 했나요?[   ]
   ① 백제장   ② 신라장   ③ 고려장   ④ 고구려장

3. 칠복이가 무엇을 이용해 할아버지를 산속까지 태우고 갔을까요?[   ]
   ① 자동차   ② 마차   ③ 자전거   ④ 지게

4. 할아버지가 밥 대신 먹으려던 꽃을 무슨 꽃일까요?[   ]
   ① 개나리꽃   ② 민들레꽃   ③ 진달래꽃   ④ 장미꽃

5. 농부 부부의 불효를 깨닫게 한 사람은 누구일까요?[   ]
   ① 할아버지   ② 칠복이   ③ 동네사람   ④ 농부

속독향상을 위한 실전훈련 기록표

* 실력 향상을 위하여 [첫째 마당]~[넷째 마당]까지 연속하여 매회 소요시간을 꼭 기록하세요.

1차: 소요시간	2차: 소요시간	3차: 소요시간
분 초	분 초	분 초

9장 목차

- 3 글자인지 기본 시야 확대훈련
- 4 글자인지 기본 시야 확대훈련 기록표
- 5 선을 따라서 같은 도형 인지하기 훈련[1]
- 6 선을 따라서 같은 도형 인지하기 훈련[2]
- 7 선을 따라서 같은 도형 인지훈련 기록표
- 8 선을 따라서 같은 도형 인지하기 훈련[3]
- 9 선을 따라서 같은 도형 인지하기 훈련[4]
- 10 선을 따라서 같은 도형 인지하기 훈련[5]
- 11 선을 따라서 같은 도형 인지훈련 기록표
- 12 눈 체조[9]
- 13 눈 체조 훈련 기록표
- 14 독서력 향상을 위한 안구흐름 다섯 글자 인지훈련[1]
- 15 독서력 향상을 위한 안구흐름 다섯 글자 인지훈련[2]
- 16 독서력 향상을 위한 안구흐름 다섯 글자 인지훈련[3]
- 17 다섯 줄 스피드 속독 트레이닝 [5단계] ①호~③호
- 20 ①호~③호까지 다섯 줄 훈련 기록표
- 21 다섯 줄 스피드 속독 트레이닝 [5단계] ④호~⑥호
- 24 ④호~⑥호까지 다섯 줄 훈련 기록표
- 25 다섯 줄 스피드 속독 트레이닝 [5단계] ⑦호~⑩호
- 29 ⑦호~⑩호까지 다섯 줄 훈련 기록표
- 30 다섯 줄 연속 ①호~⑩호까지 스피드 속독 트레이닝 기록표
- 31 [연필과 지우개]의 중심 낱말 찾기 훈련
- 32 연필과 지우개의 중심 낱말 찾기

독서영재 두뇌 속독법 시리즈 정답표

정답 확인

p7 선을 따라 같은 도형 인지하기 훈련[1]~[2]연속훈련

◇ 15개 ○ 17개 ☆ 18개 □ 15개 ♧ 13개 ♡ 16개

p11 선을 따라 같은 도형 인지하기 훈련[3]~[5]연속훈련

☏ 26개 ♤ 21개 ❈ 25개 ◒ 24개 ♠ 27개 ♨ 22개

글자인지 기본 시야 확대 훈련

* 훈련 시 머리는 고정한 상태에서 좌·우에 글자만을 빠르게 인지하세요.
* 여러 개의 글자 기호도 한 자 보는 속도로 한 번에 인지하세요.

← 시·점 →

동	동
서서	서서
남남남	남남남
북북북북	북북북북
봄봄봄봄봄	봄봄봄봄봄
여름여름여름	여름여름여름
비비비비비비비	비비비비비비비
가을가을가을가을	가을가을가을가을
눈눈눈눈눈눈눈눈눈눈	눈눈눈눈눈눈눈눈눈눈
겨울겨울겨울겨울겨울	겨울겨울겨울겨울겨울

글자인지 기본 시야확대 훈련 기록표

* 실력 향상을 위하여 매회 소요시간을 꼭 기록하세요.

1차	초	11차	초
2차	초	12차	초
3차	초	13차	초
4차	초	14차	초
5차	초	15차	초
6차	초	16차	초
7차	초	17차	초
8차	초	18차	초
9차	초	19차	초
10차	초	20차	초

선을 따라서 같은 도형 인지하기 훈련

* 선에 걸쳐있는 같은 도형의 개수를 세어가며 훈련[1]~[2]까지 빠르게 이동하세요.

←시·점→

선을 따라서 같은 도형 인지하기 훈련

* 선에 걸쳐있는 같은 도형의 개수를 세어가며 훈련[1]~[2]까지 빠르게 이동하세요.

←시·점→

선을 따라서 같은 도형 인지훈련 기록표

* 실력 향상을 위하여 매회 소요시간을 꼭 기록하세요.

도형			
◇	도형개수 :　　　개 소요시간 :　　　초	도형개수 :　　　개 소요시간 :　　　초	도형개수 :　　　개 소요시간 :　　　초
○	도형개수 :　　　개 소요시간 :　　　초	도형개수 :　　　개 소요시간 :　　　초	도형개수 :　　　개 소요시간 :　　　초
☆	도형개수 :　　　개 소요시간 :　　　초	도형개수 :　　　개 소요시간 :　　　초	도형개수 :　　　개 소요시간 :　　　초
□	도형개수 :　　　개 소요시간 :　　　초	도형개수 :　　　개 소요시간 :　　　초	도형개수 :　　　개 소요시간 :　　　초
♣	도형개수 :　　　개 소요시간 :　　　초	도형개수 :　　　개 소요시간 :　　　초	도형개수 :　　　개 소요시간 :　　　초
♡	도형개수 :　　　개 소요시간 :　　　초	도형개수 :　　　개 소요시간 :　　　초	도형개수 :　　　개 소요시간 :　　　초

선을 따라서 같은 도형 인지하기 훈련 ③

* 선에 걸쳐있는 같은 도형의 개수를 세어가며 훈련[3]~[5]까지 빠르게 이동하세요.

←시·점→

선을 따라서 같은 도형 인지하기 훈련 **4**

* 선에 걸쳐있는 같은 도형의 개수를 세어가며 훈련[3]~[5]까지 빠르게 이동하세요.

←시·점→

선을 따라서 같은 도형 인지하기 훈련 5

*선에 걸쳐있는 같은 도형의 개수를 세어가며 훈련[3]~[5]까지 빠르게 이동하세요.

←시·점→

선을 따라서 같은 도형 인지훈련 기록표

* 실력 향상을 위하여 매회 소요시간을 꼭 기록하세요.

도형			
☎	도형개수 : 개 소요시간 : 초	도형개수 : 개 소요시간 : 초	도형개수 : 개 소요시간 : 초
♠	도형개수 : 개 소요시간 : 초	도형개수 : 개 소요시간 : 초	도형개수 : 개 소요시간 : 초
✾	도형개수 : 개 소요시간 : 초	도형개수 : 개 소요시간 : 초	도형개수 : 개 소요시간 : 초
☯	도형개수 : 개 소요시간 : 초	도형개수 : 개 소요시간 : 초	도형개수 : 개 소요시간 : 초
♠	도형개수 : 개 소요시간 : 초	도형개수 : 개 소요시간 : 초	도형개수 : 개 소요시간 : 초
♨	도형개수 : 개 소요시간 : 초	도형개수 : 개 소요시간 : 초	도형개수 : 개 소요시간 : 초

훈련 기록표

눈 체조 [9]

* 시점을 중심에 두고 화살표(→) 방향을 따라 상·하 대각선으로 총 10회를 빠르게 반복 이동하세요.

← 시·점 →

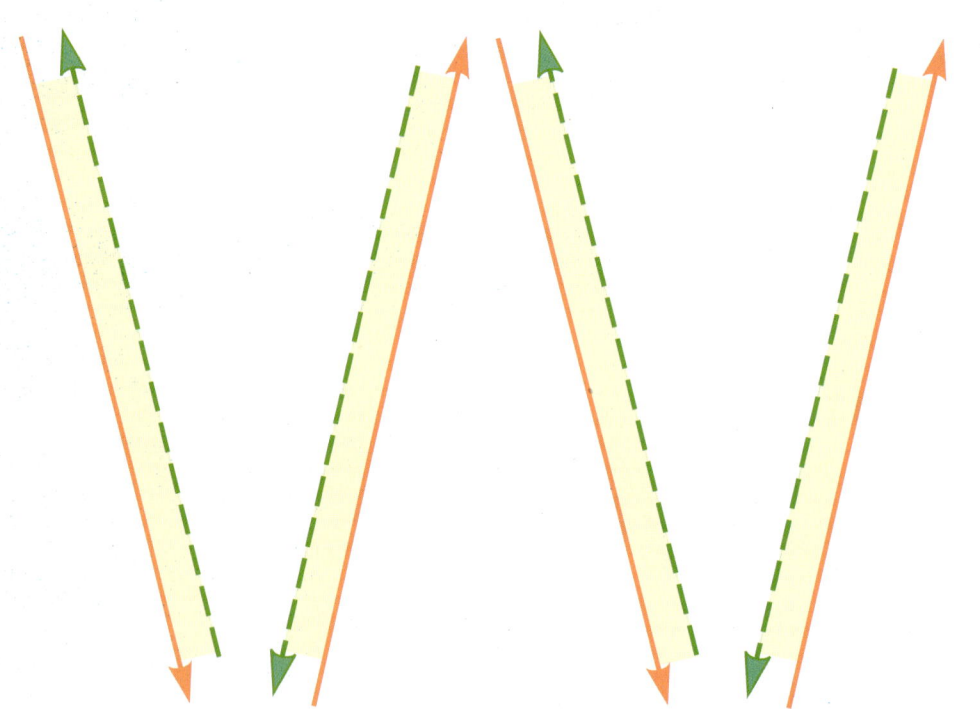

눈 체조 [9] 훈련 기록표

* 실력 향상을 위하여 매회 소요시간을 꼭 기록하세요.

1차	초	11차	초
2차	초	12차	초
3차	초	13차	초
4차	초	14차	초
5차	초	15차	초
6차	초	16차	초
7차	초	17차	초
8차	초	18차	초
9차	초	19차	초
10차	초	20차	초

독서력 향상을 위한 안구흐름 다섯 글자 인지훈련 [1]

* 좌측의 푸른소나무 한 글자 낱말을 인지하고 나서 그 줄에 같은 글자를 찾으세요.
* 다시 우측의 검정고무신 낱말을 인지하고 나서 그 줄에 같은 글자를 찾으면 됩니다.

← 시·점 →

푸른소나무 → 하얀눈사람 종이비행기 푸른소나무 예쁜장미꽃

　　　　　　얼룩송아지 검정고무신 방울도마뱀 바다갈매기 ← 검정고무신

예쁜장미꽃 → 하얀눈사람 종이비행기 푸른소나무 예쁜장미꽃

　　　　　　얼룩송아지 검정고무신 방울도마뱀 바다갈매기 ← 얼룩송아지

종이비행기 → 하얀눈사람 종이비행기 푸른소나무 예쁜장미꽃

　　　　　　바다갈매기 얼룩송아지 검정고무신 방울도마뱀 ← 바다갈매기

하얀눈사람 → 종이비행기 푸른소나무 예쁜장미꽃 하얀눈사람

　　　　　　얼룩송아지 검정고무신 방울도마뱀 바다갈매기 ← 방울도마뱀

푸른소나무 → 하얀눈사람 종이비행기 푸른소나무 예쁜장미꽃

　　　　　　얼룩송아지 검정고무신 방울도마뱀 바다갈매기 ← 검정고무신

예쁜장미꽃 → 하얀눈사람 종이비행기 푸른소나무 예쁜장미꽃

* 초시계로 소요시간을 측정하여 기록하세요.

1차 소요시간	2차 소요시간	3차 소요시간	4차 소요시간	5차 소요시간
초	초	초	초	초

다섯 글자 인지훈련

독서력 향상을 위한 안구흐름 다섯 글자 인지훈련 [2]

* 좌측의 예쁜장미꽃 한 글자 낱말을 인지하고 나서 그 줄에 같은 글자를 찾으세요.
* 다시 우측의 바다갈매기 낱말을 인지하고 나서 그 줄에 같은 글자를 찾으면 됩니다.

← 시·점 →

예쁜장미꽃 → 하얀눈사람 종이비행기 푸른소나무 예쁜장미꽃

얼룩송아지 바다갈매기 검정고무신 방울도마뱀 ← 바다갈매기

종이비행기 → 하얀눈사람 푸른소나무 종이비행기 예쁜장미꽃

얼룩송아지 검정고무신 방울도마뱀 바다갈매기 ← 얼룩송아지

푸른소나무 → 하얀눈사람 종이비행기 푸른소나무 예쁜장미꽃

검정고무신 바다갈매기 얼룩송아지 방울도마뱀 ← 검정고무신

예쁜장미꽃 → 종이비행기 푸른소나무 예쁜장미꽃 하얀눈사람

방울도마뱀 얼룩송아지 검정고무신 바다갈매기 ← 방울도마뱀

푸른소나무 → 하얀눈사람 종이비행기 푸른소나무 예쁜장미꽃

얼룩송아지 검정고무신 방울도마뱀 바다갈매기 ← 검정고무신

하얀눈사람 → 종이비행기 푸른소나무 하얀눈사람 예쁜장미꽃

* 초시계로 소요시간을 측정하여 기록하세요.

1차 소요시간	2차 소요시간	3차 소요시간	4차 소요시간	5차 소요시간
초	초	초	초	초

독서력 향상을 위한 안구흐름 다섯 글자 인지훈련 [3]

* 좌측의 종이배행기 한 글자 낱말을 인지하고 나서 그 줄에 같은 글자를 찾으세요.
* 다시 우측의 방울도마뱀 낱말을 인지하고 나서 그 줄에 같은 글자를 찾으면 됩니다.

← 시·점 →

종이비행기 → 하얀눈사람 예쁜장미꽃 종이비행기 푸른소나무

　　　　　　방울도마뱀 바다갈매기 얼룩송아지 검정고무신 ← 방울도마뱀

예쁜장미꽃 → 종이비행기 하얀눈사람 푸른소나무 예쁜장미꽃

　　　　　　바다갈매기 얼룩송아지 검정고무신 방울도마뱀 ← 얼룩송아지

종이비행기 → 푸른소나무 하얀눈사람 예쁜장미꽃 종이비행기

　　　　　　검정고무신 바다갈매기 방울도마뱀 얼룩송아지 ← 바다갈매기

하얀눈사람 → 종이비행기 푸른소나무 예쁜장미꽃 하얀눈사람

　　　　　　얼룩송아지 방울도마뱀 검정고무신 바다갈매기 ← 방울도마뱀

푸른소나무 → 예쁜장미꽃 하얀눈사람 종이비행기 푸른소나무

　　　　　　방울도마뱀 얼룩송아지 검정고무신 바다갈매기 ← 검정고무신

예쁜장미꽃 → 하얀눈사람 푸른소나무 종이비행기 예쁜장미꽃

* 초시계로 소요시간을 측정하여 기록하세요.

1차 소요시간	2차 소요시간	3차 소요시간	4차 소요시간	5차 소요시간
초	초	초	초	초

다섯 줄 스피드 속독 트레이닝 [5단계] ①호

* 시점을 중심으로부터 훈련 기호를 최대한 많이 본 상태에서 화살표를 따라 안구를 좌·우로 이동하여 글을 읽듯이 최대한 빠르게 아래로 이동합니다.
* 종합훈련 시 ①호~⑩호까지 연속으로 이동하여(1분 단위로 측정) 글자 수를 기록합니다.

← 시·점 →

마→마→마→마→마→마→마→마→마→마
마→마→마→마→마→마→마→마→마→마
마→마→마→마→마→마→마→마→마→마
마→마→마→마→마→마→마→마→마→마
마→마→마→마→마→마→마→마→마→마 50자

마←마←마←마←마←마←마←마←마←마
마←마←마←마←마←마←마←마←마←마
마←마←마←마←마←마←마←마←마←마
마←마←마←마←마←마←마←마←마←마
마←마←마←마←마←마←마←마←마←마 100자

마→마→마→마→마→마→마→마→마→마
마→마→마→마→마→마→마→마→마→마
마→마→마→마→마→마→마→마→마→마
마→마→마→마→마→마→마→마→마→마
마→마→마→마→마→마→마→마→마→마 150자

다섯 줄 스피드 속독 트레이닝 [5단계] ②호

* 시점을 중심으로부터 훈련 기호를 최대한 많이 본 상태에서 화살표를 따라 안구를 좌·우로 이동하여 글을 읽듯이 최대한 빠르게 아래로 이동합니다.
* 종합훈련 시 ①호~⑩호까지 연속으로 이동하여(1분 단위로 측정) 글자 수를 기록합니다.

← 시·점 →

마→마→마→마→마→마→마→마→마→마
마→마→마→마→마→마→마→마→마→마
마→마→마→마→마→마→마→마→마→마
마→마→마→마→마→마→마→마→마→마
마→마→마→마→마→마→마→마→마→마 200자

마←마←마←마←마←마←마←마←마←마
마←마←마←마←마←마←마←마←마←마
마←마←마←마←마←마←마←마←마←마
마←마←마←마←마←마←마←마←마←마
마←마←마←마←마←마←마←마←마←마 250자

마→마→마→마→마→마→마→마→마→마
마→마→마→마→마→마→마→마→마→마
마→마→마→마→마→마→마→마→마→마
마→마→마→마→마→마→마→마→마→마
마→마→마→마→마→마→마→마→마→마 300자

다섯 줄 스피드 속독 트레이닝 [5단계] ③호

* 시점을 중심으로부터 훈련 기호를 최대한 많이 본 상태에서 화살표를 따라 안구를 좌·우로 이동하여 글을 읽듯이 최대한 빠르게 아래로 이동합니다.
* 종합훈련 시 ①호~⑩호까지 연속으로 이동하여(1분 단위로 측정) 글자 수를 기록합니다.

← 시·점 →

350자

400자

450자

①호 ~ ③호까지 다섯 줄 훈련 기록표

* 실력 향상을 위하여 매회 소요시간을 꼭 기록하세요.

* 훈련을 다 마치고 나면 지도 선생님이 □안에 글자에 색연필로 ○표시해 주세요.

아주 잘했습니다.   정말 잘했습니다.

잘했습니다.

매우 잘했습니다.   참 잘했습니다.

다섯 줄 스피드 속독 트레이닝 [5단계] ④호

* 시점을 중심으로부터 훈련 기호를 최대한 많이 본 상태에서 화살표를 따라 안구를 좌·우로 이동하여 글을 읽듯이 최대한 빠르게 아래로 이동합니다.
* 종합훈련 시 ①호~⑩호까지 연속으로 이동하여(1분 단위로 측정) 글자 수를 기록합니다.

← 시·점 →

다섯 줄 스피드 속독 트레이닝 [5단계] ⑤호

* 시점을 중심으로부터 훈련 기호를 최대한 많이 본 상태에서 화살표를 따라 안구를 좌·우로 이동하여 글을 읽듯이 최대한 빠르게 아래로 이동합니다.
* 종합훈련 시 ①호~⑩호까지 연속으로 이동하여(1분 단위로 측정) 글자 수를 기록합니다.

← 시·점 →

650자

700자

750자

다섯 줄 스피드 속독 트레이닝 [5단계] ⑥호

* 시점을 중심으로부터 훈련 기호를 최대한 많이 본 상태에서 화살표를 따라 안구를 좌·우로 이동하여 글을 읽듯이 최대한 빠르게 아래로 이동합니다.
* 종합훈련 시 ①호~⑩호까지 연속으로 이동하여(1분 단위로 측정) 글자 수를 기록합니다.

← 시·점 →

(마 → 마 → 마 → 마 → 마 → 마 → 마 → 마 → 마 → 마) 800자

(마 ← 마 ← 마 ← 마 ← 마 ← 마 ← 마 ← 마 ← 마 ← 마) 850자

(마 → 마 → 마 → 마 → 마 → 마 → 마 → 마 → 마 → 마) 900자

④호 ~ ⑥호까지 다섯 줄 훈련 기록표

* 실력 향상을 위하여 매회 소요시간을 꼭 기록하세요.

 초
 초
 초

 초
 초
 초

 초
 초
 초

* 훈련을 다 마치고 나면 지도 선생님이 □안에 글자에 색연필로 ○표시해 주세요.

아주 잘했습니다.   정말 잘했습니다.

잘했습니다.

매우 잘했습니다.   참 잘했습니다.

다섯 줄 스피드 속독 트레이닝 [5단계] ⑦호

* 시점을 중심으로부터 훈련 기호를 최대한 많이 본 상태에서 화살표를 따라 안구를 좌·우로 이동하여 글을 읽듯이 최대한 빠르게 아래로 이동합니다.
* 종합훈련 시 ①호~⑩호까지 연속으로 이동하여(1분 단위로 측정) 글자 수를 기록합니다.

← 시·점 →

950자

1000자

1050자

다섯 줄 스피드 속독 트레이닝 [5단계] ⑧호

* 시점을 중심으로부터 훈련 기호를 최대한 많이 본 상태에서 화살표를 따라 안구를 좌·우로 이동하여 글을 읽듯이 최대한 빠르게 아래로 이동합니다.
* 종합훈련 시 ①호~⑩호까지 연속으로 이동하여(1분 단위로 측정) 글자 수를 기록합니다.

← 시·점 →

1100자

1150자

1200자

다섯 줄 스피드 속독 트레이닝 [5단계] ⑨호

* 시점을 중심으로부터 훈련 기호를 최대한 많이 본 상태에서 화살표를 따라 안구를 좌·우로 이동하여 글을 읽듯이 최대한 빠르게 아래로 이동합니다.
* 종합훈련 시 ①호~⑩호까지 연속으로 이동하여(1분 단위로 측정) 글자 수를 기록합니다.

다섯 줄 스피드 속독 트레이닝 [5단계] ⑩호

* 시점을 중심으로부터 훈련 기호를 최대한 많이 본 상태에서 화살표를 따라 안구를 좌·우로 이동하여 글을 읽듯이 최대한 빠르게 아래로 이동합니다.
* 종합훈련 시 ①호~⑩호까지 연속으로 이동하여(1분 단위로 측정) 글자 수를 기록합니다.

← 시·점 →

마→마→마→마→마→마→마→마→마→마→마
마→마→마→마→마→마→마→마→마→마→마
마→마→마→마→마→마→마→마→마→마→마
마→마→마→마→마→마→마→마→마→마→마
마→마→마→마→마→마→마→마→마→마→마 1400자

마←마←마←마←마←마←마←마←마←마←마
마←마←마←마←마←마←마←마←마←마←마
마←마←마←마←마←마←마←마←마←마←마
마←마←마←마←마←마←마←마←마←마←마
마←마←마←마←마←마←마←마←마←마←마 1450자

마→마→마→마→마→마→마→마→마→마→마
마→마→마→마→마→마→마→마→마→마→마
마→마→마→마→마→마→마→마→마→마→마
마→마→마→마→마→마→마→마→마→마→마
마→마→마→마→마→마→마→마→마→마→마 1500자

⑦호 ~ ⑩호까지 다섯 줄 훈련 기록표

* 실력 향상을 위하여 매회 소요시간을 꼭 기록하세요.

 초    초    초

 초    초    초

 초    초    초

* 훈련을 다 마치고 나면 지도 선생님이 □안에 글자에 색연필로 ○표시해 주세요.

아주 잘했습니다.   정말 잘했습니다.

        잘했습니다.

매우 잘했습니다.   참 잘했습니다.

다섯 줄 연속 ①호~⑩호까지 스피드 속독 트레이닝 기록표

*실력 향상을 위하여 매회 소요시간을 꼭 기록하세요.

1차 기록	1분간 글자 수 : 자
2차 기록	1분간 글자 수 : 자
3차 기록	1분간 글자 수 : 자
4차 기록	1분간 글자 수 : 자
5차 기록	1분간 글자 수 : 자
6차 기록	1분간 글자 수 : 자
7차 기록	1분간 글자 수 : 자
8차 기록	1분간 글자 수 : 자
9차 기록	1분간 글자 수 : 자
10차 기록	1분간 글자 수 : 자

♥ 처음 한 번은 동시를 지도 선생님이 읽어 주세요. ♥

아래 동시의 내용을 읽으면서
표시된 중심 낱말을 인지하세요.

[연필과 지우개]의 중심 낱말 찾기 훈련

연필은 내가 공부할 때 도와주는 착한 친구이지요.

연필이 없으면 공책에 글씨를 어떻게 쓸까요?

나에겐 좋은 친구가 있어서 참 다행이에요.

연필로 그림을 재미있게 그릴 수 있어요.

연필은 참 좋은 친구랍니다.

지우개도 공부할 때 도와주는 착한 친구이지요.

연필이 실수하면 지우개가 쓱쓱 고쳐주지요.

지우개는 참 좋은 친구랍니다.

그림을 잘못 그리면 지우고 다시 그릴 수 있지요.

연필과 지우개는 고마운 내 친구들입니다.

연필과 지우개의 중심 낱말 찾기

*앞의 동시를 읽고 연상되는 낱말을 10개를 모두 찾아 ◯표하세요.

1차 낱말 5개 찾기 소요시간: 초	2차 낱말 5개 찾기 소요시간: 초
연필	다행
필통	지우개
글씨	물감
공책	선생님
크레파스	친구
눈동자	재미있게
그림	강아지
고쳐주지요	공부

10장 목차

- 3 다섯 글자인지 시야확대 훈련
- 4 다섯 글자인지 시야확대 훈련 기록표
- 5 집중력 향상을 위한 한글숫자 인지훈련[1]
- 6 집중력 향상을 위한 한글숫자 인지훈련[2]
- 7 눈 체조[10]
- 8 눈 체조 훈련 기록표
- 9 집중력으로 다섯 글자 인지훈련 [5단계] ①호
- 10 집중력으로 다섯 글자 인지훈련 [5단계] ②호
- 11 집중력으로 다섯 글자 인지훈련 [5단계] ③호
- 12 ①호~③호까지 다섯 글자 훈련 기록표
- 13 집중력으로 다섯 글자 인지훈련 [5단계] ④호
- 14 집중력으로 다섯 글자 인지훈련 [5단계] ⑤호
- 15 집중력으로 다섯 글자 인지훈련 [5단계] ⑥호
- 16 ④호~⑥호까지 다섯 글자 훈련 기록표
- 17 집중력으로 다섯 글자 인지훈련 [5단계] ⑦호
- 18 집중력으로 다섯 글자 인지훈련 [5단계] ⑧호
- 19 집중력으로 다섯 글자 인지훈련 [5단계] ⑨호
- 20 집중력으로 다섯 글자 인지훈련 [5단계] ⑩호
- 21 ⑦호~⑩호까지 다섯 글자 훈련 기록표
- 22 다섯 글자 연속 ①~⑩호까지 스피드 인지훈련 기록표
- 23 실전속독 트레이닝 및 이해도 테스트[좁쌀 한 알로 성공한 총각]
- 32 이해도 테스트

독서영재 두뇌 속독법 시리즈 정답표

정답 확인

p12 고추잠자리 10　백두산천지 6　세계신기록 7　얼룩송아지 8　월드컵축구 3

p16 백두산천지 5　아카시아꽃 6　월드컵축구 8　얼룩송아지 6　코스모스길 6

p21 빨간선인장 7　월드컵축구 12　백두산천지 8　우리할머니 8　노랑은행잎 6

p22 고추잠자리 22　백두산천지 20　세계신기록 19　얼룩송아지 21　월드컵축구 23

p32 좁쌀 한 알로 성공한 총각
① 5　④ 4　① 3　② 2　① 1

다섯 글자인지 시야 확대 훈련

* 훈련 시 머리는 고정한 상태에서 좌·우로 다섯 글자씩 빠르게 인지하세요.
* 많은 글자도 한 글자 보는 속도로 한 눈에 인지하세요. [3회 반복 훈련하기]

← 시·점 →

좌		우
예쁜 꽃들이	← · →	많이 피었다
노란 나비가	← · →	꽃밭에 앉다
동물원에서	← · →	곰을 보았다
달리기 하면	← · →	일등을 했다
우리 집에서	← · →	노래를 한다
나는 그림을	← · →	잘도 그린다
우리 엄마는	← · →	밥을 하신다
친한 친구와	← · →	신나게 놀다
빨간 사과를	← · →	맛있게 먹다
바닷가에서	← · →	수영을 했다

시야확대 훈련

다섯 글자인지 시야확대 훈련 기록표

* 실력 향상을 위하여 매회 소요시간을 꼭 기록하세요.

회차	시간	회차	시간
1차	초	11차	초
2차	초	12차	초
3차	초	13차	초
4차	초	14차	초
5차	초	15차	초
6차	초	16차	초
7차	초	17차	초
8차	초	18차	초
9차	초	19차	초
10차	초	20차	초

집중력 향상을 위한 한글숫자 인지훈련

* 아래 한글숫자를 일~십까지 순서대로 빠르게 인지하고 기록하세요.
* 다시 한글숫자를 십일~이십까지 순서대로 빠르게 인지하고 기록하세요.

←시·점→

십삼   이   십팔   구
  육   십이
    십육   오
    십   십구
      일
      십오
  사   이십   팔
십칠   십일
  십사   칠   삼

* 초시계로 소요시간을 측정하여 기록하세요.

1차 소요시간	2차 소요시간	3차 소요시간	4차 소요시간	5차 소요시간
초	초	초	초	초

293

집중력 향상을 위한 한글숫자 인지훈련 2

* 아래 한글숫자를 이십일~삼십까지 순서대로 빠르게 인지하고 기록하세요.
* 다시 한글숫자를 삼십일~사십까지 순서대로 빠르게 인지하고 기록하세요.

←시·점→

이십오		이십이	삼십오	이십칠
이십구		삼십삼		
	삼십구	이십사		
삼십이				
이십육	이십일	삼십팔		
삼십사				
	삼십칠	삼십일		
이십삼		삼십육		
삼십		사십		이십팔

* 초시계로 소요시간을 측정하여 기록하세요.

1차 소요시간	2차 소요시간	3차 소요시간	4차 소요시간	5차 소요시간
초	초	초	초	초

눈 체조 [10]

* 시점을 중심에 두고 화살표(→) 방향을 따라 대각선 상·하로 이동하여 연속적으로 총 10회를 빠르게 반복 시행하세요.

← 시·점 →

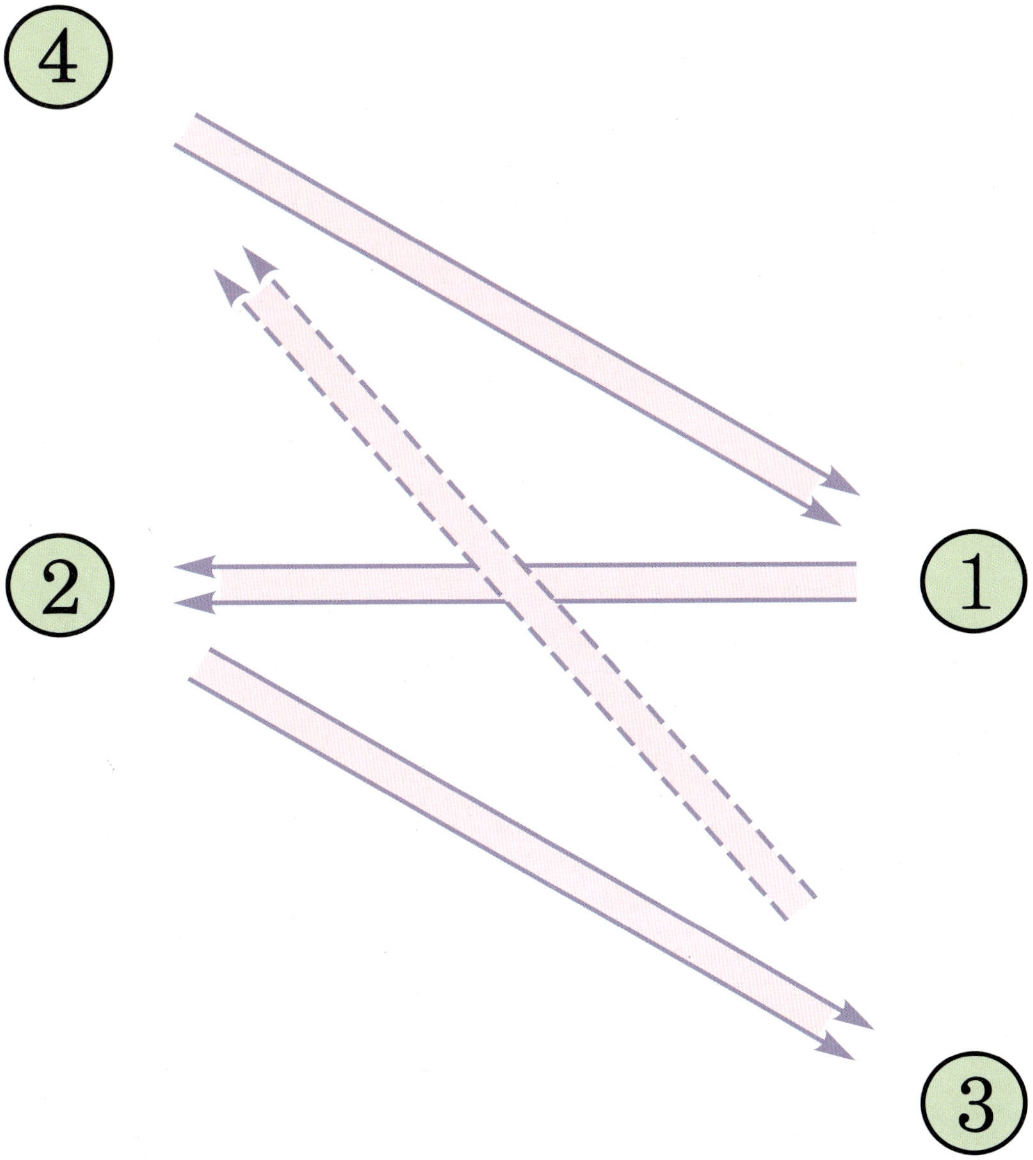

④

②　　　　　　　　　　　①

③

눈 체조 [10] 훈련 기록표

* 실력 향상을 위하여 매회 소요시간을 꼭 기록하세요.

1차	초	11차	초
2차	초	12차	초
3차	초	13차	초
4차	초	14차	초
5차	초	15차	초
6차	초	16차	초
7차	초	17차	초
8차	초	18차	초
9차	초	19차	초
10차	초	20차	초

집중력으로 다섯 글자 인지훈련 [5단계] ①호

* 시점을 중심에 두고 안구만을 움직여 Z자 형식으로 빠르게 인지합니다.
* 인지훈련 시 같은 낱말이 몇 개가 있는지 개수를 헤아리며 이동합니다.
* ①~③호까지 같은 글자의 개수가 맞는지 확인하고 소요시간을 기록하세요.

← 시·점 →

— 고추잠자리 → — 백두산천지 → — 세계신기록 →

← 얼룩송아지 — ← 월드컵축구 —

→ 세계신기록 → 고추잠자리 → 노란개나리 →

← 아카시아꽃 ← 얼룩송아지 ←

→ 코스모스길 → 백두산천지 → 학교운동장 →

← 고추잠자리 ← 빨간선인장 ←

→ 자동차경주 → 얼룩송아지 → 우리할머니 →

← 해바라기꽃 ← 코스모스길 ←

→ 노란개나리 → 고추잠자리 → 자동차경주 →

← 빨간선인장 ← 얼룩송아지 ←

→ 학교운동장 → 세계신기록 → 아카시아꽃 →

집중력으로 다섯 글자 인지훈련 [5단계] ②호

* 시점을 중심에 두고 안구만을 움직여 Z자 형식으로 빠르게 인지합니다.
* 인지훈련 시 같은 낱말이 몇 개가 있는지 개수를 헤아리며 이동합니다.
* ①~③호까지 같은 글자의 개수가 맞는지 확인하고 소요시간을 기록하세요.

← 시·점 →

→ 고추잠자리 → 월드컵축구 → 코스모스길 →

← 노란개나리 ← 세계신기록 ←

→ 학교운동장 → 백두산천지 → 아카시아꽃 →

← 우리할머니 ← 자동차경주 ←

→ 해바라기꽃 → 얼룩송아지 → 빨간선인장 →

← 아카시아꽃 ← 고추잠자리 ←

→ 빨간단풍잎 → 코스모스길 → 학교운동장 →

← 백두산천지 ← 노란개나리 ←

→ 자동차경주 → 우리할머니 → 세계신기록 →

← 얼룩송아지 ← 빨간선인장 ←

→ 아카시아꽃 → 고추잠자리 → 해바라기꽃 →

집중력으로 다섯 글자 인지훈련 [5단계] ③호

* 시점을 중심에 두고 안구만을 움직여 Z자 형식으로 빠르게 인지합니다.
* 인지훈련 시 같은 낱말이 몇 개가 있는지 개수를 헤아리며 이동합니다.
* ①~③호까지 같은 글자의 개수가 맞는지 확인하고 소요시간을 기록하세요.

← 시·점 →

→ 노란개나리 → 세계신기록 → 얼룩송아지 →

← 빨간선인장 ← 고추잠자리 ←

→ 백두산천지 → 아카시아꽃 → 학교운동장 →

← 코스모스길 ← 자동차경주 ←

→ 월드컵축구 → 고추잠자리 → 노란개나리 →

← 해바라기꽃 ← 우리할머니 ←

→ 아카시아꽃 → 빨간단풍잎 → 세계신기록 →

← 코스모스길 ← 얼룩송아지 ←

→ 고추잠자리 → 자동차경주 → 빨간선인장 →

← 우리할머니 ← 해바라기꽃 ←

→ 학교운동장 → 서울특별시 → 백두산천지 →

다섯 글자 인지훈련

①호 ~ ③호까지 다섯 글자 훈련 기록표

* 실력 향상을 위하여 매회 소요시간을 꼭 기록하세요.

* 훈련을 다 마치고 나면 지도 선생님이 □안에 글자에 색연필로 ○표시해 주세요.

아주 잘했습니다.   정말 잘했습니다.

잘했습니다.

매우 잘했습니다.   참 잘했습니다.

집중력으로 다섯 글자 인지훈련 [5단계] ④호

* 시점을 중심에 두고 안구만을 움직여 Z자 형식으로 빠르게 인지합니다.
* 인지훈련 시 같은 낱말이 몇 개가 있는지 개수를 헤아리며 이동합니다.
* ④~⑥호까지 같은 글자의 개수가 맞는지 확인하고 소요시간을 기록하세요.

← 시·점 →

→ 백두산천지 → 아카시아꽃 → 월드컵축구 →

← 얼룩송아지 ← 코스모스길 ←

→ 노란개나리 → 세계신기록 → 자동차경주 →

← 학교운동장 ← 빨간선인장 ←

→ 우리할머니 → 해바라기꽃 → 고추잠자리 →

← 서울특별시 ← 빨간단풍잎 ←

→ 얼룩송아지 → 아카시아꽃 → 해바라기꽃 →

← 백두산천지 ← 노란개나리 ←

→ 코스모스길 → 학교운동장 → 월드컵축구 →

← 빨간선인장 ← 자동차경주 ←

→ 얼룩송아지 → 세계신기록 → 우리할머니 →

집중력으로 다섯 글자 인지훈련 [5단계] ⑤호

* 시점을 중심에 두고 안구만을 움직여 Z자 형식으로 빠르게 인지합니다.
* 인지훈련 시 같은 낱말이 몇 개가 있는지 개수를 헤아리며 이동합니다.
* ④~⑥호까지 같은 글자의 개수가 맞는지 확인하고 소요시간을 기록하세요.

← 시·점 →

→ 월드컵축구 → 세계신기록 → 서울특별시 →

← 우리할머니 ← 고추잠자리 ←

→ 아카시아꽃 → 학교운동장 → 월드컵축구 →

← 세계신기록 ← 노란개나리 ←

→ 빨간선인장 → 얼룩송아지 → 백두산천지 →

← 빨간단풍잎 ← 코스모스길 ←

→ 월드컵축구 → 아카시아꽃 → 자동차경주 →

← 해바라기꽃 ← 빨간선인장 ←

→ 노란개나리 → 고추잠자리 → 얼룩송아지 →

← 코스모스길 ← 학교운동장 ←

→ 우리할머니 → 자동차경주 → 월드컵축구 →

다섯 글자 인지훈련

집중력으로 다섯 글자 인지훈련 [5단계] ⑥호

* 시점을 중심에 두고 안구만을 움직여 Z자 형식으로 빠르게 인지합니다.
* 인지훈련 시 같은 낱말이 몇 개가 있는지 개수를 헤아리며 이동합니다.
* ④~⑥호까지 같은 글자의 개수가 맞는지 확인하고 소요시간을 기록하세요.

← 시·점 →

→ 서울특별시 → 백두산천지 → 고추잠자리 →

← 학교운동장 ← 우리할머니 ←

→ 월드컵축구 → 노란개나리 → 세계신기록 →

← 자동차경주 ← 아카시아꽃 ←

→ 코스모스길 → 고추잠자리 → 해바라기꽃 →

← 빨간선인장 ← 얼룩송아지 ←

→ 우리할머니 → 자동차경주 → 백두산천지 →

← 노란개나리 ← 빨간단풍잎 ←

→ 해바라기꽃 → 아카시아꽃 → 월드컵축구 →

← 학교운동장 ← 코스모스길 ←

→ 자동차경주 → 고추잠자리 → 노란개나리 →

다섯 글자 인지훈련

④호 ~ ⑥호까지 다섯 글자 훈련 기록표

* 실력 향상을 위하여 매회 소요시간을 꼭 기록하세요.

 초    초    초

 초    초    초

 초    초    초

* 훈련을 다 마치고 나면 지도 선생님이 □안에 글자에 색연필로 ○표시해 주세요.

아주 잘했습니다.   정말 잘했습니다.

잘했습니다.

매우 잘했습니다.   참 잘했습니다.

집중력으로 다섯 글자 인지훈련 [5단계] ⑦호

* 시점을 중심에 두고 안구만을 움직여 Z자 형식으로 빠르게 인지합니다.
* 인지훈련 시 같은 낱말이 몇 개가 있는지 개수를 헤아리며 이동합니다.
* ⑦~⑩호까지 같은 글자의 개수가 맞는지 확인하고 소요시간을 기록하세요.

← 시·점 →

→ 빨간선인장 → 월드컵축구 → 백두산천지 →
← 우리할머니 ← 노란은행잎 ←
→ 고추잠자리 → 월드컵축구 → 코스모스길 →
← 아카시아꽃 ← 자동차경주 ←
→ 서울특별시 → 학교운동장 → 백두산천지 →
← 해바라기꽃 ← 빨간선인장 ←
→ 세계신기록 → 노란은행잎 → 우리할머니 →
← 빨간단풍잎 ← 아카시아꽃 ←
→ 노란개나리 → 월드컵축구 → 얼룩송아지 →
← 코스모스길 ← 자동차경주 ←
→ 백두산천지 → 세계신기록 → 서울특별시 →

집중력으로 다섯 글자 인지훈련 [5단계] ⑧호

* 시점을 중심에 두고 안구만을 움직여 Z자 형식으로 빠르게 인지합니다.
* 인지훈련 시 같은 낱말이 몇 개가 있는지 개수를 헤아리며 이동합니다.
* ⑦~⑩호까지 같은 글자의 개수가 맞는지 확인하고 소요시간을 기록하세요.

← 시·점 →

→ 코스모스길 → 세계신기록 → 해바라기꽃 →

← 백두산천지 ← 아카시아꽃 ←

→ 월드컵축구 → 빨간선인장 → 얼룩송아지 →

← 고추잠자리 ← 노란개나리 ←

→ 학교운동장 → 우리할머니 → 월드컵축구 →

← 코스모스길 ← 노란은행잎 ←

→ 백두산천지 → 서울특별시 → 자동차경주 →

← 해바라기꽃 ← 우리할머니 ←

→ 빨간선인장 → 월드컵축구 → 세계신기록 →

← 아카시아꽃 ← 학교운동장 ←

→ 고추잠자리 → 얼룩송아지 → 코스모스길 →

다섯 글자 인지훈련

집중력으로 다섯 글자 인지훈련 [5단계] ⑨호

* 시점을 중심에 두고 안구만을 움직여 Z자 형식으로 빠르게 인지합니다.
* 인지훈련 시 같은 낱말이 몇 개가 있는지 개수를 헤아리며 이동합니다.
* ⑦~⑩호까지 같은 글자의 개수가 맞는지 확인하고 소요시간을 기록하세요.

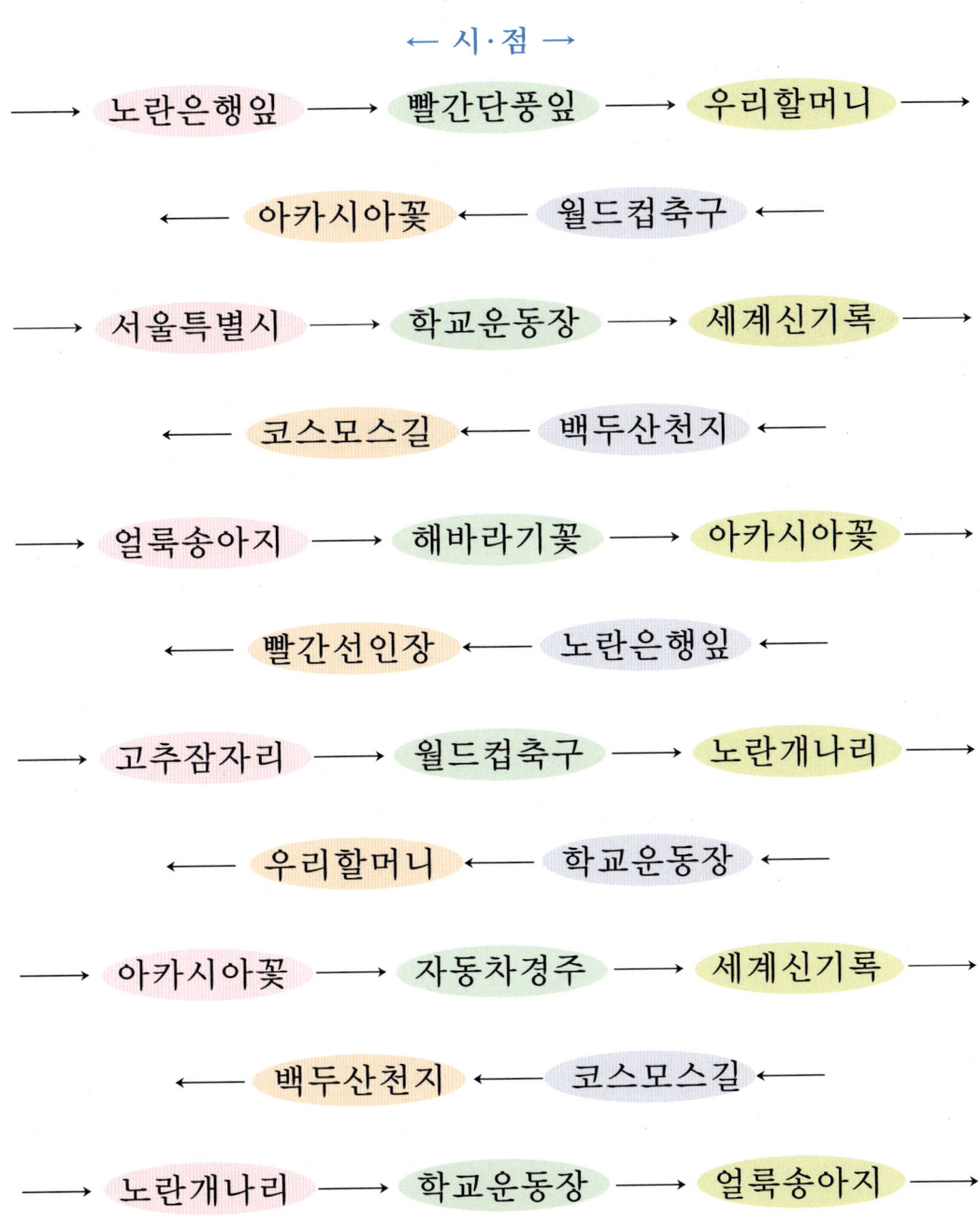

집중력으로 다섯 글자 인지훈련 [5단계] ⑩호

* 시점을 중심에 두고 안구만을 움직여 Z자 형식으로 빠르게 인지합니다.
* 인지훈련 시 같은 낱말이 몇 개가 있는지 개수를 헤아리며 이동합니다.
* ⑦~⑩호까지 같은 글자의 개수가 맞는지 확인하고 소요시간을 기록하세요.

← 시·점 →

→ 얼룩송아지 → 코스모스길 → 고추잠자리 →

← 아카시아꽃 ← 월드컵축구 ←

→ 자동차경주 → 노란개나리 → 학교운동장 →

← 백두산천지 ← 빨간선인장 ←

→ 우리할머니 → 월드컵축구 → 얼룩송아지 →

← 해바라기꽃 ← 코스모스길 ←

→ 빨간선인장 → 노란은행잎 → 세계신기록 →

← 월드컵축구 ← 서울특별시 ←

→ 고추잠자리 → 백두산천지 → 노란개나리 →

← 자동차경주 ← 우리할머니 ←

→ 학교운동장 → 월드컵축구 → 아카시아꽃 →

다섯 글자 인지훈련

⑦호 ~ ⑩호까지 다섯 글자 훈련 기록표

* 실력 향상을 위하여 매회 소요시간을 꼭 기록하세요.

 초
 초
 초

 초
 초
 초

 초
 초
 초

* 훈련을 다 마치고 나면 지도 선생님이 □안에 글자에 색연필로 ○표시해 주세요.

아주 잘했습니다.   정말 잘했습니다.

잘했습니다.

매우 잘했습니다.   참 잘했습니다.

다섯 글자 연속 ①호~⑩호까지 스피드 인지훈련 기록표

* 낱말의 개수 오차 + - 하나 차이는 합격으로 인정합니다.
* 실력 향상을 위하여 매회 소요시간을 꼭 기록하세요.

낱말	1차 기록	2차 기록	3차 기록
고추잠자리	분 초	분 초	분 초
	분 초	분 초	분 초
백두산천지	분 초	분 초	분 초
	분 초	분 초	분 초
세계신기록	분 초	분 초	분 초
	분 초	분 초	분 초
얼룩송아지	분 초	분 초	분 초
	분 초	분 초	분 초
월드컵축구	분 초	분 초	분 초
	분 초	분 초	분 초

실전속독 트레이닝 및 이해도 테스트[5]

* 한 줄의 글자를 최대한 많이 본 상태에서 중심 낱말을 인지하며 빠르게 이어갑니다.
* 이해도 테스트는 1회만 하고 2회부터는 속독 향상을 위해 기록 단축훈련을 하세요.

좁쌀 한 알로 성공한 총각 [첫째 마당]

과거는 고려시대부터 관청에서 일하는 관리를 뽑을 때 치던 시험입니다. 24자 / 5자

과거제도는 학식과 능력에 따라 관리를 등용하려는 것입니다. 25자

오늘날에 공무원시험과 비슷합니다. 15자

오랜 옛날에 시골에 결혼하지 않은 젊은 남자가 혼자 살고 있었습니다. 24자 / 4자

청년은 시골에서 열심히 공부하여 과거준비를 하였습니다. 24자

과거보는 날짜가 다가오자 총각은 과거를 보려고 서울로 올라가기로 했습니다. 25자 / 7자

걷다 보니 그만 날이 저물었습니다. 14자

"할 수 없다. 오늘은 주막에서 하룻밤 묵어야겠다." 19자

가까운 주막을 찾아 들어갔습니다. 14자

+
200자

주막은 시골 길가에서 밥과 술을 팔고 돈을 받고 나그네를 묵게 하는 집입니다.

청년은 주인에게 좁쌀 한 알을 내주면서,

"이것은 내가 아주 소중하게 여기는 것이오."

"그러니, 잘 맡아 두었다가 내일 떠날 때 나에게 주시오."

"네, 그러시지요."

주인은 좁쌀 하나를 받아 들고,

"별, 이상한 사람이네, 유별난 손님 다 보겠네."

"이따위 좁쌀 하나 가지고 소중하다니 말이야!"

주인은 좁쌀을 팽개쳐 버렸습니다.

이튿날, 날이 밝자 청년은 서울로 갈 채비를 하고 주인에게 손을 내밀었습니다.

"내가 어제 맡긴 좁쌀 한 알을 주시오."

주인은 청년이 자기를 놀리는 것 같아서 큰 소리로,

"쥐가 먹었소!"

"뭐요? 그게 얼마나 소중한 건데 쥐가 먹도록 아무렇게나 보관했단 말이오?"

청년은 화를 냈습니다.

"쥐가 먹은 것을, 나더러 어쩌란 말이오!"

23자
8자
16자
17자
21자
6자
12자
17자
18자
14자
23자
8자
14자
20자
5자
24자
5자
9자
15자
+
275자

* 실력 향상을 위하여 매회 소요시간을 꼭 기록하세요. [첫째 마당 글자 수 : 총 475자]

1차 기록 :   초   2차 기록 :   초   3차 기록 :   초

좁쌀 한 알로 성공한 총각 [둘째 마당]

"할 수 없지, 않겠소?"
"내가 어제 잘 맡아 달라고 분명히 말하지 않았소?"
"약속을 헌신짝 버리듯 소홀히 하면 되겠소?"
"좁쌀만 한 약속도 잘 지켜야지요."
"그러면 좁쌀을 먹은 그 쥐라도 잡아서 주시오."
주인은 청년이 우기는 바람에 할 수 없이
쥐 한 마리를 잡아 주었습니다.
청년은 쥐를 받아 들고 길을 떠났습니다.
온종일 걷다 보니 날이 저물었습니다.
'오늘도 주막에서 하룻밤을 묵어야겠군.'
청년은 주막에 들자 주인에게 쥐부터 내밀며,
"이것은 내가 가장 소중하게 여기는 것이오. 그러니 잘 맡아
두었다가 내일 떠날 때 꼭 주시오."
주인은 쥐를 받아 들고 껄껄거리며 웃었습니다.
"별 이상한 사람 다 보는군."
주인이 쥐를 땅바닥에 팽개쳐 버리는 순간 도망가고 말았습니다.
이튿날이 되자 청년은 길 떠날 준비를 하였습니다.

청년은 주인에게 손을 내밀며,   12자

"내가 어제 맡긴 쥐를 주시오."   11자

주인은 청년이 자기를 놀리는 것 같아서 소리를 버럭 지르며,   24자

"어젯밤 고양이가 잡아먹었소!"   12자

"뭐요? 그게 얼마나 소중한 건데 고양이가 먹도록 아무렇게나   24자
지켰단 말이오!"   6자

"내가 어제 분명히 잘 맡아 두었다 달라고 하지 않았소?"   21자

"고양이가 먹어 버린 것을 난들 어찌하오?"   16자

"남의 약속을 헌신짝 버리듯 하면 되겠습니까?"   18자

"쥐만 한 약속도 지켜야지요."   11자

"그 쥐를 내놓지 못하면 쥐를 잡아먹은 고양이라도 잡아 주시   24자
오."   1자

주인은 청년이 막무가내 우기는 바람에 집에서 기르던 고양이   25자
를 내 주었습니다.   7자

청년은 고양이를 안고 길을 떠났습니다.   16자

또 날이 저물어 주막에서 하룻밤을 묵어야 했습니다.   21자

주막에 들어가서 청년은 안고 있던 고양이를 주인에게 내밀면   25자
서,   1자

"이것은 아주 소중한 것이니, 내일 내가 떠날 때 주시오."   21자
                                                                +____
                                                                296자

* 실력 향상을 위하여 매회 소요시간을 꼭 기록하세요. [둘째 마당 글자 수 : 총 574자]

1차 기록 :   초   2차 기록 :   초   3차 기록 :   초

좁쌀 한 알로 성공한 총각 [셋째 마당]

주인은 고양이를 받아 들고 청년을 위아래로 훑어보며,
"고양이를 안고 다니는 사람도 다 있네."
주인은 아무런 생각 없이 고양이를 밖에 내 놓았습니다.
이튿날이 되자 청년은 길 떠날 준비를 하며 주인에게,
"주인장! 어제 맡긴 고양이를 주시오."
주인은 예상하지 않던 일로 이럴 수도 없고 저럴 수도 없어 처신하기 곤란했습니다.
아무 생각 없이 어제 밖에 내 놓은 고양이가 달아나 버렸기 때문입니다.
주인은 하는 수 없이 "말이 밟아서 죽었소. 그래서 버렸다오." 거짓말을 했습니다.
"뭐요? 그게 얼마나 소중한 것인데 말에 밟혀 죽었단 말이오."
"말이 밟아 죽은 것을 난들 어찌한단 말이오?"
"내가 어제 분명히 잘 맡아 달라고 말하지 않았소."
"그렇게 남의 약속을 헌신짝 버리듯 생각하면 되겠소?"
"쥐만 한 약속은 못 지켜도 고양이만 한 약속쯤은 지켜야지요."
"고양이를 내놓지 못하면 고양이를 밟아 죽인 말이라도 주시오."

청년이 우기는 바람에 할 수 없이 주인은 말을 내 주었습니다.

청년은 말을 타고 길을 떠났습니다.

한참을 타고 가는데 또 날이 저물었습니다.

'오늘도 주막에서 하룻밤을 묵어야겠군.'

"주막에 들자 주인에게 이 말은 내가 매우 아끼는 말이오."

"주인장이 내일 떠날 때 내주시오."

"염려 마십시오, 손님."

주인은 말을 외양간에 매어 두었습니다.

외양간에는 황소가 있었습니다.

이튿날 아침이 되었습니다.

황소와 말이 싸워서 그만 말이 죽고 말았습니다.

주인은 당황하여, "이거 죄송해서 어쩐다오."

황소와 싸워서 말이 죽은 이야기를 했습니다.

"손님이 맡긴 것을 잘 보관 못 하는 주인이 어디 있소?"

"약속을 지키지 못하였으니, 내 말을 죽인 저 황소라도 주시오."

주인은 하는 수 없이 청년에게 황소를 내주었습니다.

이제 청년은 황소를 타고 길을 떠났습니다.

마침내 서울에 도착하여 여관에 들게 되었습니다.

* 실력 향상을 위하여 매회 소요시간을 꼭 기록하세요. [세째 마당 글자 수 : 총 625자]

1차 기록 :   초   2차 기록 :   초   3차 기록 :   초

좁쌀 한 알로 성공한 총각 [넷째 마당]

여관은 여행자들에게 돈을 받고 숙박과 음식을 제공하는 집입니다.

청년은 여관 주인에게 "이, 소를 잘 맡아 주시오."

"네, 잘 맡아 드리겠습니다."

청년은 오랜만에 편안하게 여관에서 푹 잠을 잤습니다.

아침이 되었습니다.

여관주인이 청년을 찾아와서 걱정스럽게 "저~어, 손님이 어제 맡긴 황소를 저의 아들이 우리 집 것으로 잘못 알고 정승 댁에 팔았습니다.

정승은 오늘날 나라일의 각부의 우두머리인 '장관'을 말합니다.

"뭐요! 그 소가 어떤 소인데 함부로 팔았단 말이오."

"죄송합니다."

"여관 주인이 되어, 황금 덩이 같은 약속을 못 지켜서 되겠소?"

"그 소는 황금 털이 나는 소란 말이오!"

청년이 화를 내는 바람에 여관주인은 할 수 없이 정승 댁을 찾아가 사정 이야기를 했습니다.

"청년의 말이 옳소. 황금 덩이 같은 약속을 못 지킨 주인이 잘못이오."

"어서 가서 그 똑똑한 청년을 나에게 데려오시오."

청년은 정승 댁으로 불려가 정승을 보자마자, 화난 목소리로

"내 소를 주시오!"

"소 주인은 접니다. 주인에게 돌려주세요."

"그 소는 이미 내가 잡아먹었네."

"뭐요! 내가 황금 덩이처럼 소중하게 생각하는 소를 잡아먹다니······."

"허허, 미안하오."

"말로만 미안하다면 됩니까?"

"내 소를 먹은 사람들을 나에게 주시오!"

정승은 청년의 말을 듣는 순간 깜짝 놀랐습니다.

'음~ 젊은 사람이 배짱 한번 두둑하네.'

'똑똑하고 지혜롭군! 사윗감으로 좋아.'

'두고 봐, 앞으로 큰 인물이 될 거야.'

정승은 혼자 중얼거리다가 청년을 쳐다보며,

"젊은이? 소를 먹은 사람 중에서 자네가 필요한 사람을 주지."

"정말이십니까?

"황금 덩이처럼 소중한 약속을 내가 왜 안 지키겠는가?"

"예, 그럼 믿겠습니다."

"당분간 내 집 머무르면서 과거시험이나 잘 보게나."

"시험이 끝나면 내가 소를 먹은 사람을 자네에게 주겠네."

정승과 청년은 굳게 약속을 했습니다.
며칠 후 청년은 과거를 보았습니다.
시험은 그만 실수하여 실패했습니다.
그동안의 노력한 결과가 없자 청년은 크게 실망하였습니다.
정승은 시험 합격여부와 상관없이 청년과의 약속으로 자기 딸을 불렀습니다.
"내 딸이 자네의 소를 먹었으니, 약속대로 내 딸을 주겠네."
"네? 나리, 고맙습니다."
청년은 정승의 사위가 되었습니다.
"열심히 공부해서 꼭 과거급제하기 바라네."
과거급제는 과거 시험에 합격하는 일입니다.
청년은 황금 덩이 약속을 잘 지켜서 1년 후 과거에 급제하였습니다.
그리고 정승의 딸과 행복하게 잘 살았답니다. -끝-

좁쌀 한 알로 성공한 총각
[전체 글자 수 : 2,496자]

* 실력 향상을 위하여 매회 소요시간을 꼭 기록하세요. [네째 마당 글자 수 : 총 822자]

1차 기록 :   초   2차 기록 :   초   3차 기록 :   초

좁쌀 한 알로 성공한 총각 이해도 테스트

* 아래 5문제 중 3문제 이상 맞추어야 합니다.
* 틀린 문제가 있으면 다음 시간에 다시 읽고 정답을 확인하세요.
* 정답 확인은 한 번만 확인하고 2회부터 독서를 위한 속독훈련만 하세요.

1. 옛날에 관리를 뽑을 때 치던 시험을 무엇이라 했나요?[   ]
   ① 테스트   ② 과거   ③ 체험학습   ④ 수행평가

2. 시골에서 손님에게 밥을 팔기도 하고 잠을 자기도 했던 집을 무엇이라 했나요.[   ]
   ① 관청   ② 오두막   ③ 주막   ④ 원두막

3. 청년이 좁쌀 대신 받은 것은 무엇일까요?[   ]
   ① 쥐   ② 고양이   ③ 말   ④ 황소

4. 주인공 청년에 대한 설명이 잘못된 것은 어느 것일까요?[   ]
   ① 똑똑한 사람   ② 지혜로운 사람
   ③ 똑똑한 인물   ④ 거짓말쟁이

5. 청년이 최종적으로 받은 것은 무엇입니까?[   ]
   ① 정승 댁 딸   ② 정승 댁 머슴 ③ 황소   ④ 황금

속독향상을 위한 실전훈련 기록표

*실력 향상을 위하여 [첫째 마당]~[넷째 마당]까지 연속하여 매회 소요시간을 꼭 기록하세요.

1차: 소요시간	2차: 소요시간	3차: 소요시간
분 초	분 초	분 초

이해도 테스트

집중력과 독서력 향상을 위한 〈개정판〉

독서영재 두뇌 속독법

정가 23,000원

인　　쇄	2025년 4월 15일
발　　행	2025년 4월 25일
저　　자	박 소 진
감　　수	손 동 조
발 행 인	이 원 구
발 행 처	**남 양**
주　　소	서울시 관악구 문성로 210(신림동)
전　　화	02-864-9152~3
팩　　스	02-864-9156
등록번호	제 3-489

파본이나 낙장이 있는 책은 교환해 드립니다.

저자의 허락없이 스토리텔링 연산법을 모방하거나 이책을 무단전재 또는 복사·복제 행위는 저작권법 제9조 5항에 의거 저촉되오니 사용을 금지합니다.
편집디자인 및 저작권은 한국두뇌개발교육원 소유임